다솔문학 동인지·초록물결 제12집

다솔문학 60인의 멜로디

도서
출판 채은재

차 례

박순옥 - 11월 외 2편 … 10
조충호 - 하루를 보내며 외 1편 … 14
김현희 - 동백꽃 외 2편 … 18
서정원 - 빛무리의 노래 외 2편 … 22
조동현 - 우리는 외 2편 … 25
이종철 - 멱 감던 날 외 2편 … 29
조순자 - 여자의 본능 외 2편 … 32
김부식 - 물봉선 외 2편 … 35
금문정 - 수채화(水彩畵)로 그린 기억(記憶) 외 2편 … 40
김명동 - 동행 외 2편 … 46
윤외기 - 꽃길 따라갔더니 외 2편 … 49
이영진 - 붓으로 쓴 시 외 2편 … 52
유영아 - 연보랏빛 사랑 외 2편 … 55
이계창 - 장마 외 2편 … 58
손병만 - 이미지 외 2편 … 62
황상정 - 당신 외 2편 … 65
김영숙 - 자유 여행 외 2편 … 69
김영진 - 함께 외 2편 … 72
전미정 - 화양연화 외 2편 … 75
제성행 - 자미화는 잠들지 않는다 외 2편 … 78
조관형 - 청풍명월 외 2편 … 84
김의현 - 숲속의 여름 외 2편 … 87
이용성 - 짝사랑 외 2편 … 92
이성두 - 너의 마음은 외 2편 … 96
김상경 - 여행 외 2편 … 100
김덕영 - 행운 외 2편 … 103
이수을 - 빈 술잔이 시를 쓴다 외 2편 … 108
하강섭 - 청동 물고기 외 2편 … 113
서길모 - 장도 산책길에서 외 2편 … 116
오성수 - 꽃 외 2편 … 119

권미선 - 기억 외 2편 … 124
김진영 - 여름날의 추억 외 2편 … 127
신의철 - 초롱꽃 외 2편 … 130
김 산 - 그리움 외 2편 … 133
임하영 - 어둠이 내린 밤 외 2편 … 137
손옥희 - 너의 미소가 주는 의미 외 2편 … 140
고광숙 - 계절 따라 왔어 외 2편 … 143
최석종 - 섬진강 외 2편 … 146
신봉교 - 방우리 가는 길 외 2편 … 150
홍석우 - 겨울비 외 2편 … 154
양태인 - 노래하는 인연 외 2편 … 157
김용수 - 달무리 외 2편 … 162
홍성주 - 이것도 사랑이다 외 2편 … 165
신영미 - 커피 외 2편 … 168
김준일 - 멍에 외 2편 … 172
오세주 - 믹스커피 외 2편 … 176
최준표 - 벚눈 외 2편 … 182
신진철 - 싱건지 외 2편 … 185
김옥자 - 삶은 감자 외 2편 … 188
박영애 - 응급실행 외 2편 … 191
임희선 - 민들레 인연 외 2편 … 194
장선호 - 계절의 끝에서 외 2편 … 198
신재균 - 낮달 외 2편 … 201
안화균 - 그리운 날의 행복(01) 외 2편 … 204
정용완 - 갈대숲과 바람소리 외 2편 … 207
김성환 - 너의 안부가 그리운 날에 외 2편 … 210
여승익 - 늦여름에 외 2편 … 216
박선정 - 출입문에 기대어 외 1편 … 220
한현수 - 나야 꽃이야 외 2편 … 224
김규봉 - 지구는 영적 성숙을 위한 학교다 … 227

다솔문학회 임원 명단 … 231

초록물결 제12집 참여작가

 박순옥
 조충호
 김현희
 서정원
 조동현
 이종철

 조순자
 김부식
 금문정
 김명동
 윤외기
 이영진

 유영아
 이계창
 손병만
 황상정
 김영숙
 김영진

 전미정
 제성행
 조관형
 김의현
 이용성
 이성두

 김상경
 김덕영
 이수을
 하강섭
 서길모
 오성수

 권미선
 김진영
 신의철
 김 산
 임하영
 손옥희

 고광숙
 최석종
 신봉교
 홍석우
 양태인
 김용수

 홍성주
 신영미
 김준일
 오세주
 최준표
 신진철

 김옥자
 박영애
 임희선
 장선호
 신재균
 안화균

 정용완
 길성환
 여승익
 박선정
 한현수
 김규봉

발간사

나눔의 미학으로

이 세상 가장 따뜻한 말
이 세상 가장 아름다운 시로
절벽 끝에 서 있는 사람을 뒤돌아보게
하고 싶습니다.

믿음이라는 단어를 잃어버리고
난간에 매달린 사람에게
든든한 동아줄이 되는 시를
선물하고 싶습니다.

우리의 시가
노래가 되어
쓰라린 언덕에 울려 퍼지게 하고 싶습니다

2024년 가을

회장 김현희

조순자 시집

그곳에 손톱달이 뜨면

조순자 시인

  독자들에게 인연의 소중함을 일깨워주며 소소한 일상을 귀띔하듯이 써 내려간 작품이 대부분입니다.
  시 "해바라기"에서 밀대 같이 키만 컸지 다부진 데는 없다는 말은 그마큼 심성이 천진난만한 아이 같고 소녀 같다는 표현일 것입니다.
  끝으로 다섯 번째 시집을 상재하게 된 조순자 시인께! 진심으로 축하드립니다.

—— 김현희(다솔문학회장)의 축하의 글 중에서

도서출판 채운재 / 144페이지 / 정가 12,000원

도서출판 채운재 우) 01314 서울시 도봉구 시루봉로 15라길 38-39 301호
전화 : 02) 704-3301 팩스 : 02) 2268-3910 이메일 : ysg8527@naver.com

박순옥 네 번째 시집

바람의 장난

시인과 독자가 소통할 수 있는
쉬운 글로 친밀감을 높여주는
이야기가 있는 시
생활에서 접하는 인간관계와
자연이 엮어가는 이야기를
독자에게 감동으로
공감의 소재로 꾸며진 시집

　－〈바람의 장난〉을 끝맺음하며

도서출판 청옥 / 정가 12,000원

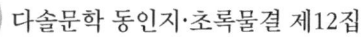

다솔문학 동인지·초록물결 제12집

동행

다솔문학 60인의 멜로디

도서출판 채은재

11월 외 2편

박 순 옥

넓은 하늘
살랑이는 가을바람
곱게 물든 단풍잎
무리 지어 떨어지면
떠나가는 가을을 붙잡고 싶어라

갈대의 서걱거리는 날갯짓은
산과 들녘 겹겹이 쌓인
너와 나의 아픔을 가위로 잘라
먼 허공에다 뿌려놓으면
이별의 노래가 된다

긴 겨울 지나가면
목련의 가지에도
노란 개나리도
봄을 알리는 실눈을 뜨니
모두 덩달아 눈뜸을 약속하는
당신은 11월

나이 · 4

잘 차려진 밥상 앞에 앉았다
쳐다만 봐도 배가 불러오고
부른 배만큼 먹은 나이
자꾸 허기가 진다

거부할 수도 없고
밀어낼 수도 없어라
나이 앞에 놓인 가파른 계단
한 개 더 늘어났고
숨은 저절로 가빠져온다

어딜 가도 소문내기 싫은 내 나이
황금색 보자기로 덮어씌운다
서쪽 하늘에 걸린 하루해가
벌겋게 성질을 낸다

그걸 본 겨울 삭풍
시리고 매섭게 귀불을 스치면서
"황금색 보자기 씌워도 나는 다 안다"

은진사

야생화 가득한 일주문 들어서니
이름도 생소한 향기가 짙다

들려오는 독경소리
몸에 묻은 오욕 다 씻어내어 주듯
지친 심신을 감싸 준다

게으른 화가 선생
붓질하기 귀찮았나
흰 물감에 초록색 물감을 풀어
뿌린 듯한 넓은 연밭

꽃대 올려 서 있는 백련
넓은 초록색 연잎 사이
여기저기 단아하게 섰다

법당 안 퍼져 짙게 깔린 향내
합장한 손끝에 머물다
소매 깃을 에두른다

박순옥

아호 연심
〈서정문학〉시부문 등단(2015)
〈정옥문학〉동시 등단(2021)
다솔문학 고문, 한국문인협회 회원, 부산문인협회 회원
청옥문학협회 부회장, 영축문학 회원
서정문학 시인상(2015) 남제문학 작가상(2018)
시와 수상문학 문학상, 꽃시 문학협회 공모전 최우수 작품상(2021)
김어수문학상 우수상(2020), 서울 지하철 스그린 도어 공모전(모시떡, 2022)
사)한국문인협회 이사장 표창장(2022), 2023, 제11회 한국 꽃문학상
제20회 국제종합예술대전 공모전 디카시 우수상
초록물결 : 1-11집 공저
시 집 :『커피 내리는 아침』,『머문자리 꽃자리』,『사람도 풍경이 된다』,
        『바람의 장난』
동시집 :『달빛』

다솔문학 12번째 동인지 동행

하루를 보내며 외 1편
– 무탈하게 살아온 삶이던가!

조 충 호

긴 인생 돌아보면 별일 없이 지나온 것 같은데,
다시는 되풀이 되지 않았으면 하는 몇몇 사건들이 불현듯 떠오른다. 그런 사고들을 겪으면서도 여기까지 온 것에 스스로 다행스럽게 생각한다.

지옥문을 연 것 같은 상황에서도 일상을 되풀이 할 수 있었던 것은 순전히 시간에 대한 믿음이었다.
시간이 지나면 이 상황은 어떻게든 바뀐다는 확신이 있었다.
결국 시간이 약이었다.

다행스럽게 생각하는 것은,
그런 사고를 당해 돈은 잃었어도 사람은 상하지 않았었다.
사람만 상하지 않으면 세월이 약이 되는 기적이 일어난다.
살아 있기만 하면 그 무엇도 문제가 안 된다.

앞으로 어떤 사고가 예상되는가?
나이 들어 병원을 들락거리다가 하늘나라로 가는 것은 사고가 아니다. 큰 투자를 하거나 빌려 줄 여력만큼 없는 것이라 생각하고 줬으니 금전적 사고의 여지도 거의 없다.

사고가 있다면,
그 언젠가 살아온 인생을 후회하거나 미련을 갖는 것이다.
그렇게 열심히 살아왔는데 '어라! 이게 아닌가?' 한다면 되돌릴 수 없는 참사이다. 그러니 남의 인생에 대해 뭐라 뭐라 입을 대지 말고 내가 가는 길이 제대로인지를 늘 살필 일이다.

그렇게 또 하루가 무심하게 지나가고 있다.

다솔문학 12번째 동인지 동행

아침 출근길에
- 삶의 주제곡

후두둑 떨어지는 빗소리에도 아랑곳 않고 낭랑한 까치 소리 창밖을 두드린다.
맑은 날을 기다리면서도 비 내리는 날이 싫지 않다.
삶도 그렇겠지. 흐리거나 맑거나 본질은 항상 긍정이다.

돈의 무게를 인생의 무게처럼 느끼며 살았다.
많은 결정이 손익에 따라 정해지고 성공도 벌어들인 돈의 양에 의해 판단되어졌다.
지금도 그렇다.
강도는 약해졌지만 돈은 영원한 삶의 주제곡이다.

삶이 가벼운 사람은 가볍게, 삶이 무거운 사람에게는 가위눌린 바위처럼 무겁게 느껴질 것이다.
결국 삶을 어떻게 바라보느냐에 따라 돈의 무게도 부피도 달라진다.
삶을 바라보는 창은 철학이다.

그래서 개똥철학이라도 자신만의 철학이 있어야 한다.
무엇에 휘둘린다는 표현처럼 Money Identity (돈에 대한 정체성)가 없으면 삶이 돈에 휘둘린다.
자신의 MI가 어떤지 알 필요가 있다.

느지막하게 영업을 시작한다고 모임에서 명함을 건네는 후배에게 말했다.

내가 하는 일을 알리지 말고, 내가 무슨 일을 하는지 궁금하게 만들라고 조언했다.

세일즈의 상대는 자기 자신이다.

자신을 갈고 닦아야 상대가 주목한다. 후배는 이해하기 힘들겠지.

동해에 상어가 나타나고 해운대 바닷가에 크나큰 야자수가 심어져 있다. 좀 더 더워진다고 일상이 달라질까?

나도 좀처럼 달라지지 않는 성향이다.

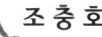
조충호
서정문학 신인상 수상
한국문인협회 회원
다솔문학 고문

동백꽃 외 2편

김 현 희

적멸의 경지에 오른 너는
꽃눈의 무늬로
꽃잎의 빛깔로
핏빛 그리움 토해내는구나

절망에 갇힌 눈시울로도
염염히 타오르는
처연한 사랑에
한 시절이 목 놓아 우는구나

사랑 앞에 무너지지 않을
그리움에 목메지 않을
붉은 동백의 역설
마음이 무진장 슬퍼지는구나

만년 외상

저녁상을 물린 후
유튜브에 몰두하고 있는 남편에게
말없이
냉커피 한 잔
쓱
내밀고
돌아서다가
냉커피는
뜨거운 커피보다 비싸요
한 마디 던지니
남편은 여전히 같은 대답
달아 놓으소.

※2024년 서울 詩 지하철 공모전 당선작.

다솔문학 12번째 동인지 동행

급발진

제어할 수 없는 속도로
인생을
몰아붙이는 사람이 있다
거북이와 같이
달팽이와 같이
느릿하게 가는 게 인생의 묘미라고
말하면서 가속 페달에서 발을 떼지 못하고
힘을 들이다가
급발진을 주장하기도 한다
내 탓이 아니라고
나는 정도를 걸으며
최선을 다했다고

나이가 사람을 만든다고 했다
나이 들수록 세월을 짐 진다고 했다
어른은 젊은이보다 앞선
세월의 길을 닦아주어야 한다고 했다
열기 가득한 젊은이가
성급하게 내달리다 낭떠러지를 발견 못 하고
추락하지 않게 인도해야 한다고 했다

인생은
한 번 더 두드려보고 건너야 하는
일방통행 징검다리와 같아
스스로 제어해야 한다

 김현희

아호 은하
다솔문학 회장
한국문인협회 회원
제6회 배기정 문학상 수상
서울詩 지하철 공모전에 〈만년 외상(2024년)〉선정 외 다수
마운틴(mountain) tv 공모에 〈연꽃에게〉 외 다수당선
개인저서 : 5집 『옹이박이』 외

빛무리의 노래 외 2편

서 정 원

배우고
또 배우자
이 또한 기쁨이다

움트는
싹을 보라
꽃피고 열매 맺고

나날이
성숙해 가는
다솔문학 돋을볕

여름날의 꿈

물 따라
흘러보자
산 따라 들어보자

놀아라
천방지축(天方地軸)
찾아라 청춘(靑春)의 꿈

이상향(理想向)
그 어디던가
동심(童心) 세상 아닌가

맥문동(麥門冬)

키 작은
불사초(不死草) 요
음지(陰地)의 양탄자라

자주색
꽃 피우고
흑진주(黑珍珠) 반짝인다

늘 푸른
겨우살이풀
맥문동(麥門冬)만 같아라

 서정원

아호 청림
현대문학사조 시·시조 등단, 부회장
다솔문학 부회장
청풍명월 정격시조 회원
한국문인협회 회원
저서 : 시집 『선퇴의 꿈』
　　　시조집 『청림원의 노래』

우리는 외 2편

조 동 현

흐르는 세월 따라 늙거나
풍전등화 앞에 살아가는 우리들의 삶

어쩌면 우리는 푸른 하늘 아래 영원한 발자국 남기려고
발버둥 치는가

각자의 크고 작은
숱하게 불어닥친 바람 속에서

한 편의 영화처럼
꽃을 피우는 것 아닌지

생과 사는 신께서만 할 수 있는 영역인데
무에 그리 간절하게 살았을까

고집불통 인간이 신을 뛰어넘어 서려는 것이 아닌가
골똘한 생각이다

다솔문학 12번째 동인지 동행

침시

내가 하는 말과
네가 하는 말
같은 뜻을 내포하고 있는 말이
충돌을 일으킬 때가 있다

아무개의 언어는 삐딱하고
아무개의 언어는 왜곡되어
언어의 충돌에 서리 맞는 영혼들

서로의 마음을 충분히 읽지 못하면
언어는 가시 달린 발이 되어
여린 마음을 짓밟고
팔딱이는 심장을 졸이게 한다

충분한 대화로
언어의 벽이 허물어질 때까지
화롯불로 타오르는 너와 나 그 사이

떫은 감을 소금물에 우려 떫음을 없애듯
소통과 공감의 소금물로
사람과 사람 사이 떨떠름을
우려내야 한다

※침시 : 소금물에 얼마 동안 담가서 떫은맛을 없앤 감

다솔문학 12번째 동인지 **동행**

발

온몸의 무게를 지탱하는 발바닥

자갈밭과 진흙 길을 걸어가도

오롯이 궂은일
마다하지 않고

묵묵히 삶을 순응하며 가는 길

가장 밑바닥에서 보이지 않는 모습 자신의 희생

조동현

현대문학사조 시 등단
한국문인협회 회원
다솔문학회 사무국장
숨문학작가협회 총본부장
수상)다솔문학 문학상 〈희망의 씨앗을 파종하다〉
숨문학작가협회 숨문학 대상 "몽애,,
저서)〈그 남자 항상 대기 중〉, 〈몽애〉

멱 감던 날 외 2편

이 종 철

책보자기 내던지고
고부천에 뛰어들어
하늘땅 부끄러운 줄 모르고
맨몸으로 첨벙이던
그 시절
엊그제만 같다

수십 번의 여름이 지난
지금
고부천은 멱 감을 수 없이
물살 빠른 강이 되었는데
퇴직하고 고향에 내려간
내 친구 경수
고부천에 빠져 하늘의 별이 되었다

어린 적 멱 감던 생각에
홀로 뛰어들었을까
슬픈 추억을 남겨두고 떠난 친구
개구리헤엄 첨벙이던 모습 선하다

갈대

나는 나이고
나는 가만히 있는데
내가 내가 아니라고 하고
내가 마구 흔든다고 합니다

내가 강가에 서서
흐르는 강물에 휩쓸리거나
바람에 못 이겨
휘청일 때도
내가 쓰러졌고
내가 흔들고 있다고 합니다

나를 휩쓸리게 한 것은 강물이고
나를 휘청이게 한 것은
바람인 것을
지조 없는 사람 또한 나와 같다고 합니다

나는 변함없는 모습으로 꼿꼿하게
서 있을 뿐
내 안을 흐르는 물줄기는
늘 한 방향뿐입니다

아버지와 나

소금꽃 벽화를 등에 지고도
구릿빛 웃음
잃지 않으셨다는 아버지
아버지보다 훨씬 수월하게
생애를 이어가고 있지만
뙤약볕 여름이 길기만 하다

장에 다녀오시면 거나하게 취해
막걸리 냄새 풍기시며
어머니 손에 꽃버선 들려주셨다는
아버지
날마다 도시를 횡단하면서도
아내 손에 뭘 쥐어줘 보았던가

잠깐 아내가 외출한 사이
구석구석 집 안 청소를 하면서
아내의 고마움과
아내의 손길을 느껴본다

이 종 철

아호 석정
다솔문학 총무국장
한국문인협회 회원
서울詩 지하철 공모전 당선 시
~너는 나의 봄이다~게시
다솔문학 동인지 초록물결 1집
~11집 모두 참여
다솔문학 시화집, 캘리집, 동시
집 외 다수 참여

다솔문학 12번째 동인지 동행

여자의 본능 외 2편

조 순 자

새벽 네 시 기상하여
정갈하게 목욕하신 후
두 손 모아 기도하고
예쁘게 단장하시는 엄마
본디 여자는 가꾸어야 하고
예뻐지는 것도 부지런해야 한다고
너는 게을러서 못 하는 거라며 핀잔하신다

화장하고 머리 꾸미는 것은
여자들만의 특권과 본능인 거야

모자 안 쓰고 운동화 안 신고
지팡이 안 짚는다고
큰소리 뻥뻥 치시더니만
어느샌가 지팡이와
운동화를 의지하며 나들이 다니신다
그런 어머니는 나의 거울이다

멋쟁이

팔십칠 세 어르신
정이 가깝게 들었다

하루에도
서너 번씩
말벗으로 대화가 통하는 어르신

요즘 노인정에 점심 하러
가시는데 패션에 신경을 쓰신다
친구분들 흉을 은근슬쩍 보면서
당신도 멋 내기 바쁘시다

머리는 성성한 서리꽃 만발이지만
여자의 멋 내기는 늙었다고 퇴색되는 게 아니다
내년 생일파티에는 립스틱을
발라 주라시며
눈가에 이슬이 맺혀도
마음은 청춘 가도를 달리는 멋쟁이

다솔문학 12번째 동인지 동행

임연수

눈은 짝 째지고 몸매는
반들반들
맛은 담백하고 이름은 생소한
임연수
맛 좋고 영양 만점
오메가쓰리가 최고라지
푸른 옷 모양이 정결한 만큼이나
구수한 맛으로 온 집안 잔치 벌였지
훌렁훌렁 다듬어서 구이로
통통 실하게도 생겨
가운데 토막은 내 차지였지
너의 맛
너의 이름 사랑한다
이 여름 함께 하자

조 순 자

시인 수필가
아호 순수
한국 국보문학 시인 등단
한국 국보문학 수필가 등단
좋은문학 창작예술인협회
동인지 : 다솔문학 동인지, 시연문학집 참여
저서 『허기진 그리움』, 『노을빛 향기』, 『천상의 화원』 시조시화
　　『제2의 인생 향연』, 『그곳에 손톱 달이 뜨면』

물봉선 외 2편

김 부 식

물봉선
꽃을 보니
울 어메 보고 싶네

무명포
동여 쓰고
김매시던 불볕 여름

서속밭
콩밭 이랑
쪄대던 찜솥 더위

진종일
익고 타던
놀빛 물든 울 어메여!

개여울에
내려 앉아
어서 오라 반기시네

소금

사금파리 위에서
햇볕이 빠져나가면
앙금은 하얗게 내린다

게미*가 걸쭉이 든
온전하게 숙성된
파도의 맛깔이 괜다

지루한 여름날 한 번쯤
해조음에 빠져 해찰할 뻔한 데도
땡볕에 이골이 나고 말았다

까무스름한 사금팔에
하얀 꽃 오지게 피워내는 기술
아무나 할 수 없는 신기다

하늘과 해의 융기가 깃든
걸작의 진수 소금은
피는 게 아니라 내린다 한다

검붉게 낯이 오른
염부의 하늘 향한 경외가
무변천에 닿아

정성과 땀에 감응되어
순백색 꽃으로 내려준
선물인 게다

*게미-맛의 전라 사투리

다솔문학 12번째 동인지 동행

풀여치

그 우라질 미동과
철저한 위장과 매복 따윈
내 촉 넘지 못하지

그게 니가
내 포로가 되어버린
결정적 이유지

이 흥건한 품에서
널 풀숲에서 찾아내고
이걸 확 잡아버려 말아?

속맘과 손 맘이
엇박자가
놓이는 사이

언제 밀물 들듯 했는지
바짓가랑이에 젖는
흥건한 이슬내

성숙한 여름의 살내에
난 꼼짝없이 니 포로가
되고 말았어

김 부 식

필원 : 심부식
다솔문학회 회원.
남도문학회 회원.
공저 『초록물결』 6-11호.
  『사랑시집』 4호 [들국화 연가]
캘리그래피 시화집 참여.
우리 시 동인 동인지 『하늘, 푸른 빈자리』 참여.

수채화(水彩畵)로 그린 기억(記憶) 외 2편

금 문 정

흐린 하늘에 그려진 수채화는 사랑이다
사랑은 그리움을 감싸고도는 풍뎅이다
바람이 불면 흩어질 줄 알았던
고집스런 기억들이
흐릿한 수채화 위에
뽀얀 파스텔 가루를 뿌린다

이미 당신은
단풍진 가을 속에 빠져있지만
하얀 겨울의 여백(餘白) 위엔
애절(哀切)한 그리움만
설화(雪畵)가 되어 고개를 내민다

아직도 사랑의 콩깍지를 키우는가
시든 싹이 세월의 흐름을 타고 봄인 줄 착각하여 돋아남인데

새치 머리 백발이 된 지금에도
그때 그 청춘을 그리워함은
사랑이란 기억의 옹고집(甕固執)으로
사실
흐린 하늘에 그려진
희뿌연 영상만 바라볼 뿐이다

다솔문학 12번째 동인지 동행

호랑, 범나비

모양새부터가
범상(凡常)치 않으니
범나비인가

생김새 자체가
호락호락하지 않으니
호랑(虎狼)나비인가

산중 풀꽃에 앉아 펼친
너의 날개 모습이
범을 닮아 범나비일 테지

들을 헤매다 지쳐
들꽃에 앉아 쉬는 너의 모습이
호랑이를 닮아 호랑나비일 테지

너울너울 너울 바람을 타고
삼천리금수강산
방방곡곡을 누비고 다니는

아
나비야
호랑, 범나비야

산촌동산에 머물든지
어촌꽃밭에 머물든지
너의 기상(氣像)으로 천추만세(千秋萬歲)하여라

뭉크의 절규(絶叫)

도대체 무엇을 보고
그리도 절절(切切)히 놀라는가

네 눈에 보이는 것이
내 눈에도 보일 텐데

어쩌면 나의 눈은
세파(世波)에 무디어진 시선일 테지

그리도 절절히 부르짖는
너의 놀란 모습으로 보아
붉은 종말(終末)을 본 것이 아니라면

분명
그것은 발가벗은
이브의 누드일 것이다

아, 너는 그 누드를 보고도
눈길을 돌리지 않은 사실은
본능(本能)을 위장한 가식(假飾)에
굴하지 않는
진실을 보았기 때문이리라

오늘도 나는
너를 보고 놀란
나를 보고 놀란다

아무렇지도 않은
이 시대의 자화상(自畫像)으로
그냥 내지른 너의 비명 앞에서

금 문 정
아호 해랑
다솔문학동인
후지장공예가
대안미술교사

다솔문학 12번째 동인지 **동행**

동행 외 2편

김 명 동

섬기며
배려하는
따뜻한 날로
동행할 해님이

미소로
샛별 같은
동산에 들면
설레는 발길이

한마음
일출 첫날
소망은 활짝
에메랄드 당신

그런

수없이
맺고 떠난
애련은 그런
아픔도 예쁘다

다솔문학 12번째 동인지 **동행**

기도

따뜻이
꼭꼭 잡은
진솔한 기도
갈대는 미덥다

김 명 동
아호 진선(珍鮮)
2012. 《문학저널》 신인상(시)
한국문인협회 회원
경북문인협회 회원
영양문인협회 회원
시집 『물음표를 지날 수 없을까?』

꽃길 따라갔더니 외 2편

윤 외 기

호젓한 꽃길 따라갔더니
가슴 아픈 사연 전하지 않아도
그곳에 그리움만 가득하길 원하는지
바람결에 시샘하는 가슴에
얄미운 사랑이 꽃술로 흔적 남긴다

눈꼬리 치켜든 가슴에
흥분의 열꽃 돋아나는 사랑은
불꽃 댕기면 연기로 피어오르더니
시뻘겋게 멍울진 가슴마다
차가운 질투로 덕지덕지 붙었다

바람결에 따라간 그곳에
내 가슴속 사랑 전하지 못한 채
가녀린 바람으로 남아 있으면 되는데
풀꽃에 흔들리는 세월조차
찢긴 가슴에 방긋 미소로 답한다.

다솔문학 12번째 동인지 동행

가을향기

댓바람에 파르르 떨리는 문풍지
부엌에 들기름 볶는 소리보다
밤사이 농익어 텁텁하고
숙성된 걸쭉한 밀주(密酒) 냄새가
진한 커피 향내보다 익숙하다

휑하니 창문살 때리며 달아나는
바람 소리에 귀 쫑긋 세우고
갈색 추억을 곱씹는 맛은
빛 고운 엄마표 익숙한 된장찌개는
코끝에 알알이 맺힌 고향 냄새

슬그머니 이슬방울 하나 떨구며
긴 장마 끝 풀잎 뒤에 숨어버린
가을향기 그리워하더니
진보랏빛 포도주에 취한 듯
품에 안기며 달콤한 입맞춤 한다.

용서

기다리지 않아도
사랑으로 찾아온 당신
내 마음 다 보여드립니다

사랑한다고
말할 수밖에 없는
운명이기에 사랑합니다

시들지 않는 마음
당신 앞에 내립니다
아니 내 앞에 내려놓습니다

가슴 아프게 해도
사랑했던 마음 때문에
상처 낸 사랑도 용서합니다.

윤 외 기

아호 하늘꽃, (사)문학愛 동인, (사)한국문인협회 회원, 디술문학 회원, 문학춘하추동 이사, 문예마을 이사, 강원경제신문 코벤트가든문학상 대상, 김해일보 신춘문예 우수상, 문학춘하추동 2023년 올해의 詩 작품상,
저서 : 『그리움의 꽃잎편지』, 『갈바람이 전하는 연서』, 『IN-N-OUT의 비밀』, 『너의 이름은 사브라』
공저 : 『초록물결』 5~12호, 『쉴만한물가』 1~9호, 외 다수

다솔문학 12번째 동인지 **동행**

 # 붓으로 쓴 시 외 2편

이 영 진

말 없네,

붓이 써 논
침묵 시 한 편,

아름다운 심연.

호질*

저 혼자 큰 줄 알지?

벗, 스승, 부모,

그 사랑 덕인걸.

*호랑이가 질색함

다솔문학 12번째 동인지 **동행**

시절인연

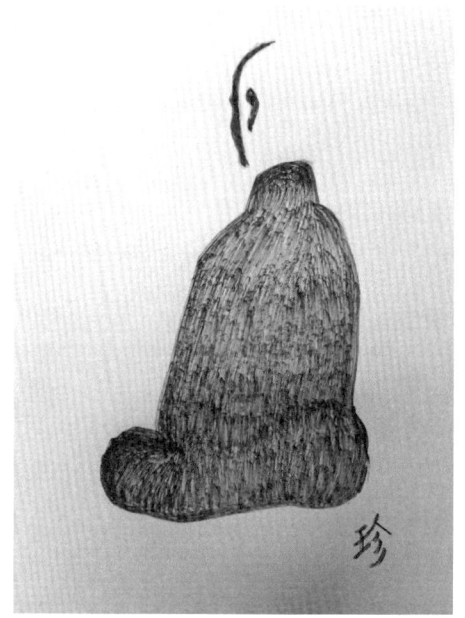

놔둬라,

잡는다고
머무르더냐,

잡지 마라, 바람.

 이영진

수필춘추 신인상(수필), 종로문협 신인상(시)
다솔문학상(시), 월간문학 신인상(민조시)
서울 지하철 시 공모전 당선

연보랏빛 사랑 외 2편

유영아

태양 빛 보다
더 뜨겁게 우리
사랑하게 해 주세요
좋은 말 할 때 입 벌려

다솔문학 12번째 동인지 동행

가을의 길목에서

가을바람에 한잎 두잎

떨어지는 잎새

봄을 지나 불새들이 춤추던

뜨거운 시간들을 견디곤

제 갈 길로 간다

언제가 누구나 그러하리라

가을의 길목에선 나는

주어진 대로 길을 걷겠지

바람이 불면 부는 대로

낙엽이 지면 지는 대로

또 그렇게...

유월의 첫날

해살 가득 드리운 창가엔

푸르른 산천이 눈부시다

바쁠 것 없는 여유로운 마음

유유히 흐르는 물이 된다

아름다운 마무리

하나씩 채워 가야 할 인생길

너를 맞이하는 유월의 아침

첫사랑을 만나던 그날처럼 새롭다

유 영 아
현대문학사조 등단
한국문인협회 회원, 청옥문학협회 회원, 다솔문화회 홍보국장
공저 : 동인지 『참새들의 모꼬지』
시화집 새벽 붉은고백 꽃잎편지 등 다수

다솔문학 12번째 동인지 동행

장마 외 2편

이 계 창

하늘에 기상도를 그려놓고
비를 내리고 땡볕으로 수은주를 올리며
아나운서가 바쁘게 화면을 채운다

그리움이 도졌는지 울음은 그치지 않고
천둥번개가 앞산을 흔들어 댄다
아무리 달래도 심술궂은 장마는
제멋대로 놀다 가겠단다

긴 하루를 빗방울로 채우며
골목골목을 걸어야만 했다
물먹은 불쾌지수는
등줄기를 타고 발목까지 적셨다

온종일 구름을 닦아내고
빗물을 퍼 담아도 보이지 않는 하늘
애꿎은 우산만 탓하고 있다

구름 뒤에 숨겨진 햇살이
빼꼼이 얼굴 내밀어 웃어주는 날이
오늘이었으면 좋겠다

향기

마음 두는 곳으로 몸이 가듯
아름다운 생각으로 다가오는 너는
내 마음속 사랑이다

잔설 털며 붉은 꽃잎 피워내는 홍매는
겨우내 얼어버린 세상을 깨우는
봄날의 따스한 햇살이다

가마솥에 밥물이 하얗게 울면
밥상에 둘러앉은 따스한 이야기는
그리운 어머니 생각이다

옛 추억을 되 세기는 헌책방에서
켜켜이 쌓인 추억의 냄새가 창문을 열면
책장 속에 숨어있던 세월

내 두꺼워진 주름살에 감추어진
마음도 홍매도 어머니와 헌책방의 냄새도
삶이 만들어가는 황혼의 멋진 향기이다

다솔문학 12번째 동인지 동행

우리에 대하여

동그라미를 그려놓고
안과 밖으로 갈라치기 했다

안쪽은 우리라고 하고
밖은 외계인이라 불렀다
가족보다는 좀 엉성한 결합체이지만
모두를 우리라 부를 수 없다
우리 앞에 어떤 명사가 서 있는가에 따라서
관계의 무게와 색깔은 달라 보인다
약간의 믿음과 조금의 사랑으로 이루어지는
끈끈함이 생성되는 단어이므로
돼지우리는 우리의 우리가 아닌 것이고
나무는 다리가 없어 다가올 수 없기에
우리가 아닌 숲이라고 부르기로 했다
밤이 우리가 될 수 없는 것도
어둠이 소심함을 감추게 하기도 하고
붉은 심장까지도 끄집어낼 용기와
밤에 쓴 약속은 아침이면 안개처럼 지워지며
우리라는 문장을 만드는 도구일 뿐이다

선거철이면 수 없이 듣는 말
「우리가 남이가」를 외치는
한 푼의 값어치도 느껴지지 않는 우리도 있다

동그라미를 지워야만 하늘이 열리고
별이, 달이, 내 그림자가 이 밤을 함께할 수 있었고
어깨동무하고 자유를 지켰을 때
우리는 하나가 되었다

우리라고 말할 수 있을 때
우리는 진정한 일인칭 대명사가 된다
만나면 환하게 웃을 수 있는
우리
특히, 너처럼

이 계 창

시인 시낭송가
한국문학시대 다솔문학회 촌티문학회
공감문학회 시삶문학회 대덕문학 회원
시집 『꽃도 눈물을 흘릴 때가 있다』
노근리인권평화전국백일장 장원

다솔문학 12번째 동인지 **동행**

이미지 외 2편

손 병 만

마음이 통하는 것은
열고 닫음의 문제가 아니라
문을 연 순간에 마주친 첫인상
그리고
오랜 시간 동안 서로 기억되는 것

※경남도민신문 수요디카시광장 게재 2024. 8. 7

사랑이란

한 알의 씨앗일 때는 모르지
우리가 우리를

부대끼는 시간이 쌓이면 쌓일수록
결국 같은 곳을 바라본다는 사실을

꽃이 피어난 후에 알게 되었지

※경남연합일보 게재 2024, 6, 3.

다솔문학 12번째 동인지 **동행**

염려

내려놓으니
그거 별거 아니잖아
보낸 자리도
떠나온 자리도
저리 예쁘기만 한 것을

※경남도민신문 수요디카시광장 게재 2023. 12. 27.

 손병만

1965 전북 완주군 고산출생
시사모, 한국디카시학회 회원, 다솔문학 회원, 아마추어 사진작가

당신 외 2편

황 상 정

병상에
누운 지
구 년인가 십 년인가

기억도
가물가물
한줄기 밝은 빛은

그래도
내 곁에
당신 있어 행복하다오.

다솔문학 12번째 동인지 동행

산딸기

말없이 다소곳한 가슴 뛰는
설렘을 간직한 순결한 영혼

어느 임의 얼굴이고
어느 임의 사랑인지
빨갛게 물들이고 해맑은
미소 짓는 아름다운 너 산딸기야

호호 불면서 떨리는
두 손으로 어루만져 보고
뜨거운 가슴으로 안아도 보고 싶은

손대면 금방이라도 터질 듯
눈물 흘릴 것 같은 빠알간
너의 모습 보고 또 보고파라

어느 임의 사랑인지
부럽기 한이 없고 보는 이의
눈이 멀까 이내 마음 걱정이오.

다솔문학 12번째 동인지 동행

눈먼 마음

보고파 보고파도 볼 수가 없어서
한없는 외로움에 두 눈이 멀었습니다

그리워 그리워서 애간장을 끓이며
가슴은 빗물처럼 녹아 내렸습니다

갈 곳 잃어 헤매는 얼어붙은
텅 빈 가슴은 당신의 그림자로 남아
둘만의 영원한 행복을 꿈꾸렵니다.

 황 상 정

한국문인그룹 회원, 한용운문학회 회원
다솔문학회 회원, 한국장애예술인협회
제1회 장애인복지신문사 공모 장애수기 당선
제6회 샘터문학상 공모 시조 부문 대상 수상
제9회 지필문학상 시 부문 최우수상 수상
제17회 풀잎문학상 대상 수상(홀로 선 지팡이)
제2회 한용운문학상 공모 시조 부문 특별작품상 수상
*저서『홀로 선 지팡이』,『지붕 위의 꿈과 행복』,『보랏빛 향기』
제1시소집『봉평 연가』, 제2시조집; 광솔』

자유 여행 외 2편

김 영 숙

부스럭거리다가
눈치 빠른
바람의 힘찬 입김에
비린내 나는 생선 판매대를 벗어난다

같이 달려주는
오토바이 꽁무니에
붙어 볼까
전봇대 모서리를 잡고 돌아볼까

볼록하게 공기 머금은
검정봉지는
잡다한 생각이 많아진다

저녁을 부르는
석양의 눈빛이
검은 속내 털어 버리고 훨훨 날아오르라 한다

새털 같은 마음으로 자유라는 깃발을 꽂고 비행을 강행 한다

섬

거미줄처럼 엮인
뾰족한 말씨들
던져 놓고 갔을 거야

산더미 같은
어깨짐
내려놓고 갔을 거야

억눌렸던
가슴속 멍울들
다 묻어 놓고 갔을 거야

섬은

수많은 사연들
묵묵히 바다에 마름질하고 있을 거야

하얀 우체통

쏟아지는 빗방울 속에
수많은
언어들이 내려앉는다

무게 상관없이
수취인 별도표시없이 또도독 소리로 모여든다

그리움과 애잔함이 사랑이란
이름으로

 빗방울의 탈을 쓰고 걸어 잠근 마음 밭에 살며시 노크한다

김영숙
아호 태연
2015 문학에스프리 동시 당선
2015 광주문협 전국 백일장 운문부 최우수상
2020 문학시선 제1회 디카시 우수상
2020 동시마중 올해의 동시 선정
2020 동서문학상 동시부문 맥심상
2020 문학시선 수필 신인상
2021 시학과 시 시부문 신인상
2023 또바기문학회 시화전 참여
2024 한국예술인복지재단 예술인 작가 선정

다솔문학 12번째 동인지 동행

함께 외 2편

김 영 진

옹차 떼는 첫걸음마에
개나리꽃 폴짝 뛰었네

까부는 아가 손짓춤 사위마다
진달래꽃 훌쩍 피었네

한 번 얼싸안은 할배 두 팔에
뻗어나가는 푸른 강줄기
곤두서는 꿈 출렁이네

함께 내딛는 걸음마다
해바라기 활짝 치솟네

이제라도 평안하시길

아버지
금정산에서 유달산 줄기 탄 붉은 물이
철의 삼각지에 고여서
둘째에게 가위바위보 하자십니까
탱크 배 타고 가신 해남
돼지 말고 다른 무엇 있었습니까
목포 조선내화 벽돌공장 대문 없어
불가마를 등에 업으셨습니까
문 없는 길 드나든 뜨거운 길흉화복
부러 모르셨습니까
아무려나
이제 각설합니다
내 숨과 아버지 냄새 밴 하늘 사이
가로놓인 줄 자릅니다
탈 것 없는 부스러기
불 속으로 던집니다
따끔하 불꽃 화화하 웃으요
재 되어도 아름다우요
그란께 평안히 쉬시씨요이
우리 아버지

다솔문학 12번째 동인지 동행

무슨 섬으로 가는 여행

우선 먼저
섬에 왔습니다
바다 건너 왔습니다
모래사장 밟고 왔습니다
바닥 드러내는 썰물 타고 왔습니다
썰물 타지 않은 해산물
웅덩이에 가만두고 왔습니다
밀물 들오지 않아도 좋겠다는
생각하지 않고 왔습니다
어찌 되든
썰물 밀물은 나름나름 할 터
이제 나는
저, 섬에 안착할 노릇 다하러 갑니다

 김 영 진
다솔문학회 운영위원

화양연화 외 2편

전 미 정

어머니 나를 낳아주셨네
내 인생의 첫 번째 화양연화요

듬직한 그이 품에 안겼네
내 인생의 두 번째 화양연화네

세월은 흘러 흘러 멀어져 가고
가을바람이 불어오네요

국화꽃 향기가 물씬한 뜰에
손자들의 재롱과 웃음이 가득합니다
내 인생의 세 번째 화양연화라

아, 의미를 둘수록 감사합니다
신께서 굽이굽이 함께 돌아주셨고
굽이굽이 함께 울어주셨네

인생에 기회가 세 번은 온다는데
이제는 그 뜻을 알겠습니다
내 이름 석 자 편안한 날이
내 인생의 화양연화인 것을

어제

어제는
쪽빛 마 원피스를 입었었지
살랑살랑 스치는 바람의 결이
좋아서 아, 탁월한 선택을
칭찬했었네

땅거미 내린 후
열엿새 달이 둥실 떠 있었네
보름 동안 달려온 길 아쉬워하며
다시 구도를 시작했더라고

기우는 것은 비우는 것
마음을 다잡고 비우기 시작한
달님의 얼굴이 편안해 보였네

비우면서 편안해지는 것
그것이
내 남은 삶의 화두라네

세월

새 한 마리 허공을 나르네
소리도 없고
날개도 없고
흔적도 없네

첫사랑은 멀어지고
첫아들은 장성하고
시집살이시키던 시모님도
떠나셨네

봄도 여름도 가을도
수없이 떠나갔네

눈 깜짝할 새
허공을 나르네

 전미정

전주여고 졸업
현대문학사조 시조 등단
다솔문학 회원
전북 여성 백일장 수필
다솔문학 동인지 참여
시집 : 『모란을 꺾어 든 여인』 발간

다솔문학 12번째 동인지 동행

자미화는 잠들지 않는다 외 2편

제 성 행

단단한 어둠에 갇힌 눈물

불면을 지키는 자미화
달빛 깨문 입술이 처연하게 붉다

통증이 회오리치는 밤

신음처럼 쏟아지는 별빛은
무성한 그리움이 젖은 독백이다

궁낀 감정에 체한 적요

명치 끝 쪼이는 소화되지 않은 말이
기억 속에 스민 향기의 시간을 찾는다

눈을 감고 훔친 입술은

달빛 매달린 이슬이 향기를 읽을 수 없는
여름밤은 잠의 바깥에서 길을 잃었다

톡 톡 터지는 꽃숭어리

눈물인지
꿈속인지

포도가 익어가는

포도나무 아래 하얀 그림자
익어가는 포도가 반송하는 얼굴

잎새들을 헤집는 햇살의 질문은
아슬한 가지마다 매달린 울음이다

예민한 한낮

더듬는 달팽이 눈은 잊지 못하는 것에
익숙해지는 간절한 손짓이다

손끝이 머문 곳으로 고개를 들면
반송된 시간 속으로 흐르는 구름에게

향기로운 안녕!

달콤함이 맺힌다는 것은 훌쩍 자란 여름이
오래된 약속을 채록한 눈물이다

하얀 그림자를 따라가는 달팽이 한 마리
팽팽한 감정이 위태로운 시간

뜨거운 팔월이었다

다솔문학 12번째 동인지 동행

사랑 마름질

동네 P 씨 옷 수선집에 오래된 TV
어제 놓친 연속극을 재방송한다

낡은 서랍 속에 솔기 터진 천 조각과 단추들이
빼꼼히 시청 중이다

수줍은 소녀가 목발을 짚고 가져온 원피스
탁자 위에 펼치고 마름질을 시작한다

목 카라와 소매 끝은 레이스를 달아 시침질하고
불편한 시선들을 모두 잘라내고 허리를 맞춘다

상처 입은 마음을 리폼한 원피스가
옷걸이에 걸려 행복한 웃음의 날개를 펴고 있다

편견 된 자투리를 가르고 마음을 재단하는 수선집
언제나 재봉틀은 촘촘히 사랑을 박음질한다

聽心 **제 성 행**

文學상상 시조 부문 등단
文學광장 이사
황금찬시맥회 부위원장
文學광장 詩題경진대회 장원(제28회)
文學광장 춘계시화전 大賞(2024년)
서정문학 시 부문 등단
서정문학 본상
다솔문학 회원
시집: 〈가슴으로 듣는 노래〉
공저: 〈한국문학 대표시선 10.11〉
〈한국 대표 서정시선 8.9.10.11.12.13〉
〈초록물결 7.8.9.10〉 외 다수

다솔문학 12번째 동인지 동행

청풍명월 외 2편

조 관 형

나비가 숨은 파란 하늘
서산에 뉘엿뉘엿 해를 삼켜
어둠 속 허공을 응시
너의 이름 별들이 수놓은 天高心肥

별 하나 내 손에 닿을 듯 별꽃이 호반 위 쏟아 놓은
잔물결 꽃으로 피어나
밤의 경의 경이로움
찻잔 속에 입술 포갠 고양이 걸음

내 영혼이 어둠 속에 있어도
사색에 빠진 저녁
밤을 새워 읊조리는 미소로
눈으로 본 감흥
행복이 구른다

세월을 줍는다

반세기 넘어
쉼도 없이 달려온 인생길
강물이 흐른 듯이 구름 조각 헤집고

나 하나의 길
이 새로운 계절 앞에서
삶이란 늘 그리움으로 엮는 밤
내 영혼이 번지는 추억
정의가 살아 있는 그리움으로
뜨개질한다

다솔문학 12번째 동인지 동행

희망

사랑한 세월 묻어야 하나
추억의 기억을 묻어야 하나
지난 것은 향상 그리워지고
그리움의 거짓 없는 마음 하나
나 혼자 향기에 씨름하는 날

한 잔의 술을 마시고 깊고도 부드러운
뒤뚱거리는 발걸음 위에
나도 모르게 찾아온 달빛 영롱한
삶은 나에게 진실을 가르쳐 주었다.

 조 관 형
강건문학 등단
사단법인 글세상 *문포강 운영위원
강건문화뉴스 기자
도서출판 강건 작가
월간 스폰시 작가. 가시 독설리즘 작가

숲속의 여름 외 2편

김 의 현

장마가 끝나면 무더운 복더위가 시작
강이나 바다로 물놀이를 떠나기도 하고
시원한 계곡이나 숲으로 피서를
보양식으로 대신하기도 한다

숲속 마을은 어떻게 보낼까
계곡에 머루 다래는
옹기종기 모여 볼기짝을 비벼대며 단맛을 내기 위해
사랑놀이하고 있네

복숭아는 붉게 익어 단맛을 풍기며
까칠한 털로 방해꾼의 접근을 막고
풋내 나는 대추 밤 사과는 아직 맛과 향에 관심이 없네

가을이 되면 우리에게
무언가 보답고자
뜨거운 여름날
열대야도 슬기롭게
이겨내는 것 같다

다솔문학 12번째 동인지 동행

사라진 워낭

화전밭 일구던 산촌
협곡에 울려 퍼지는 워낭의 메아리
주인님 따라 새벽 밭갈이 나서는 일소 보릿고개 시절
농촌에는 소가 머슴이 되어
외양간을 지켰다

삼십 년 지난 세월
물레방앗간 대신 전기 동력 정미소가
경운기 트랙터로 천수답을 일구며
다양한 농기계가 구직 신청하는 세상에 이르렀다

일소들의 퇴직으로
쟁기 써레 달구지는
폐기 처분 행적을 감추고
워낭은 외양간에서
조용히 침묵
업종 전환 고민 중일세

힘든 궂은 농사일에 워낭소리 사라진 농촌의 시골 마을
아기 울음마저 끊기고
퇴행성 질병만 늘어나
요양원 요양병원이 수없이 생겨나니
적막함이 걱정되네

다솔문학 12번째 동인지 동행

멋진 친구

소꿉놀이하던
어린 시절
골목길을 서성이며
숨바꼭질 하자고
불러 주던 소꿉친구가 그립구나

젊음이 한창 피어 날 때
풋사랑의 괴로운 고민을 하소연할 때
가슴 아파해 주던 친구가 그립구다

퇴직을 앞두고
인생2막을
고민하던 벗이
단풍놀이 가자던 그때가 그리워라

이제 겨우 칠십 고개 마루인데
지난 시절 절친들이
하나둘 자가용 타고
황급히 하늘 여행 떠나가는구나

인생길 친구는
가까이 함께하면서
건강을 챙겨주는 친구가 그립고 최고야

 김의현

곰솔 문학회장 역임, 다솔 문학 회원, 에세이 문예 부회장(현)
곰솔 문학 동인지 다수공저, 다솔 문학 동인지 다수공저, 에세이 문예 동인지 다수공저
곰솔 문학상 수상, 다솔 문학상 수상
에세이 문예 신인상 수상, 에세이 문예 작가상 수상

다솔문학 12번째 동인지 동행

짝사랑 외 2편

이 용 성

붉은 노을에 앉은 수평선 따라
날개 퍼덕이며 짝을 찾는 철새 한 마리

홀로 가는 길은
바라만 보아도 가슴이 아프다

말 못 하는
사랑도 그렇다

월류봉(月留峰)

까만 하늘 둥근 보름달이

주먹산 정상에 걸터앉아

초강천(草江川) 소근 대는 사랑소리

훔쳐 듣다 잠들어 버린

내 고향

다솔문학 12번째 동인지 동행

존재의 이유

아카시아 가지마다
하이얀 꽃 주렁주렁

등나무 줄기마다
연보라 꽃 치렁치렁

향기에 취한 벌 나비
쉼 없는 날갯짓 소리

가던 걸음 멈추고
잊히는 이름 불러보니

무심코 걷던 어제의 길가에서
수많은 꽃들이 함박 웃는다

꽃은
피어야 제대로 보이는가 보다

사람도 그러하다
인생도 그러하다

이용성

한국문인협회 회원
이천문인협회 회원
다솔문학 회원
해보는 수밖에 길은 없다 외
SK하이닉스반도체재직

다솔문학 12번째 동인지 동행

너의 마음은 외 2편

이 성 두

밤의 애곡에 유혹된
호머(Homer)의 바다 사람처럼
소리에 홀려 길 위를 둥둥
몇 발자국 나섰다가
거대한 너를 만나
길을 거부당하고 만 아침
너는 조용히 잠든
나의 여인 같은 줄 알았는데
어찌하여 그리도 몸부림이더냐
비야 비야 때로는 파도처럼 휘몰아치고
비야 비야 때로는 바람으로 몰아붙이니
멈칫멈칫 가다가 멈추는 양
멈추는 듯 쏟아져 내리니
믿을 수 없는 마음
하염없이 소리치는 너,
너는 사랑의 평안이더냐
너는 절규의 욕망이더냐

그리움의 무게

남은 자와 떠난 자의
미련과 그리움을 견주어 본다면
아마도 남은 자의 무게가 더 할 것입니다
그것은 떠난 자가 두고 간
행복한 표정 때문입니다

그러나 그대여,
나와 그대의 그리움을 견주어 본다면
아마도 나는 하릴없이 가벼워
그대의 하늘에 둥둥 떠다닐 것입니다

그것은 그대에게 빼앗긴 내 마음으로
이미 텅텅 빈 가슴이기 때문입니다.

다솔문학 12번째 동인지 동행

향촌의 추억

청춘은 흑과 백의 시간이던가
까까머리와 두 가닥 땋은 머리는
서로 한마디 말도 못 하고 긴장된 가슴
오롯이 시계 소리를 담고 다녔다

바람도 없는 내면의 흔들림이거나
보이지 않는 향기이거나, 그것은
가슴 속에서 하르르 하르르
보이지 않아도 앎이다

까마득한 기억을 더듬고
블랙홀 같은 시간에 이끌리는 것은
미혹의 플라스마에 접근하는 행위

도저히 끊어낼 수 없는 투명의 표면장력 같은, 순수의
세상에서나 있을 법한 일인지도 모르지만
행여나 그것을 사모하는 자
가슴에 도란도란 거리는 샛별이 살기나 할까

밤마다 창가를 서성이다 지쳐
끝내 고개라도 돌리면
날 선 세상 아래 묵묵히 지키는 침목(枕木)뿐

아아, 마지막 한숨도 가고 빈 바람만 남는 것
아무것도 아닌데, 아무것도 없는데
오직 푸른 소리로 본향을 향하는
흑과 백의 맑은 모습들만 아른아른
아지랑이 같은 여운만 남는
그렁그렁한 눈, 지워지지 않는 포옹
그것은 향촌에서의 잊지 못할 추억이다

이성두

현대시선 시 부문 문학상
현대문예 수필부문 우수작가상
코벤트가든 문학상 대상
민들레문학상 외 다수
네 번째 시집 『바람의 눈빛으로』

다솔문학 12번째 동인지 동행

여행 외 2편

김 상 경

눈에 담아두기에는
깜빡하면 사라질 것 같고

머릿속에 담아두기에는
자고 나면 없어질 것 같아서

그래서 호주머니에 넣어야겠다
언제고 생각날 때
하나 둘 꺼내보게

지금 행복한 이 시간의
소중한 기억들

회상

꿈이었을까
지나온 시간들 그 아득함
기억 속에서조차 쉽게
꺼내기 어렵다

한 발짝 한 발짝
삶의 굴레를 돌며 이어온
겹겹이 쌓아진
추억이 되어버린 나날들

햇빛 가득 푸른 청춘
쏟아붓는 비에 흘리고
바람에 날리던
수많은 세월들

작은 언덕 위에 한사람 앉아 있네
꿈결 같은 시간
하나 둘 그 꿈을 접어두어야
할 시간

다솔문학 12번째 동인지 동행

사랑이어라

장마철 기어 나왔다가
말라비틀어져 버려진 지렁이조차
몰려든 개미 떼들에게는
얼마나 다행스런 일이던가

단 일주일의 생을 위해
7년을 준비하고 성충이 된 매미는
요란하게 울다가 알을 낳고
바닥에 내동댕이쳐진 체 마감 한다

풀 한 포기 새 한 마리조차
허투로 되지 않음이
우리네 삶 자체가 길고 짧고
더하고 덜해도 그것은
사랑이어라

 김 상 경
다솔문학회원
다솔문학 동인지(1~11집)

행운 외 2편

김 덕 영

운칠기삼 이런가
기교도 없는

사랑도
인생도

찾아오는 복
찾을 수 있는 복

지금 이 순간
이 자리

주옥같은 오늘
신나게 살아 볼란다

애증의 강

그대를 많이 사랑하는 나는
표현하진 않아도

나는 알 수 있답니다
당신 마음을요

나도 많이 사랑합니다 그댈
형용할 수 없는 사랑

사랑하는 만큼 잣대로 길게
줄을 마음에 그린답니다

사랑이 너무 깊어
줄자로 가늠으로 할 수가 없답니다

당신에게 할 수 있는 사랑의 방정식
너그러움과 배려인가요

목이 말라 있는 내게
사랑이 넘쳐나는 물 한 바가지 주소

산다는 건

세월이 흐르면 알까
청춘을 열심히 살았는데

세월을 거슬러볼까도
중년은 참 내 시간도 없이

이제와 돌이켜보니
아름다웠었거늘

내 몸에 내 맘은
아쉽기만 하구나

머리가 희끗희끗하여
하늘을 올려봤더니

유수 같은 세월에 맡겨진 육신
부끄럽고 낯설구나

이제 와서 자아 반성하며
멀어진 인생의 전철에

쉼표하나 붙여놓고
인생 역전 만들어서

뭉쳐진 응어리들
매듭 풀듯

얽히고설킨 삶의 실타래
홀러덩 시원하게 실마리를 풀어보세

김 덕 영
다솔문학회 정보국장
월간문학세계 신인상 수상
다솔문학 동인지 다수 참여

다솔문학 12번째 동인지 동행

빈 술잔이 시를 쓴다 외 2편

이 수 을

허름한 목로주점 술청에
빈 술잔이 앉아 있다

찰랑거리는 홍등 불빛이
빈 술잔에 잠기자
열린 들창밖에 밤비가 내린다

빗방울이 맺힌 거미줄을 타고
술잔을 쥔 손마디에
꽃잎처럼 내려앉는
거미 한 마리

보이지 않는 덫을 치고
얄궂은 생명들을 포획하는 포식자
빗방울의 영롱함마저
먹잇감으로 착각한 것일까

씨줄과 날줄을 엮어가며
수백 번이 넘게 줄을 밟는
거미의 집요함

어둑한 목로주점 홍등 아래서
빈 술잔이 시를 쓴다

다솔문학 12번째 동인지 동행

어머니의 잇몸

칼날처럼 긴 고드름이 자란
처마 아래로
정월 된바람이 치고 가면

그 자리에
이가 다 빠진
어머니의 잇몸이 보인다

해가 중천에 뜨자
녹아내린 고드름 물 떨어지며
누런 구멍을 남기면

처마 밑에 얼어붙어 있던 볏짚
기지개를 켜며
겨울잠에서 깨어나고

아기 참새는 마당에 송송 뚫린
눈밭 길 걸어가며
파릇파릇 새순 돋는 소리를 낸다

가느다란 다리가 풀썩
빠지지 않을 만큼, 딱 그만큼만
새순 돋는 소리를 낸다

다솔문학 12번째 동인지 동행

수리사에 매화 향기 짙어지면

절마당 매화는
밤새워 술 익는 소리를 낸다

노승은 향기에 취해
항하를 건너온 이른 봄길 나서고

염불 외는 풍경 소리
달의 모래톱에 살랑 바람 천 년

낡은 가사 자락 펄럭이며
얼룩진 번뇌 닦아 낸다

註 : 항하(恒河=갠지스강)

 **이 수 을**

호는 나루, 본명 이윤근
다솔 문학회 회원
2020.7. KT&G 복지재단 문학상, 최우수상 수상(새벽 인력시장)
2023.8. 홍성군 디카시 공모전 대상 수상 (기다림의 차이)

청동 물고기 외 2편

하 강 섭

초롱꽃이 산바람 타고 넘어오셨네
그 아래 물고기 한 마리 매달려
평생을 우시네

산들바람에 은은히 울면
청아하다 하시고
거센 바람에 큰소리 내어 울면
나무람 하시네

독경소리 끊어진 밤에도
만등 사라진 밤에도
혼자서 우시네

속세에 결빙된 중생들
켜켜이 쌓인 간절함을 위한
기도의 울음일 뿐

다솔문학 12번째 동인지 동행

사객의 밤

하얀 포말이 보이는
남해 미조항 촌놈 횟집에는
내로라하는 전국 팔도의 사객들이
터를 잡는다

장미 화관을 쓴 채
식탁 위를 수놓는 활어회
예술의 꽃송이로다
생선회 맛은 명품이로다
펄떡거리는 싱싱함을 초장에 찍어
목젖을 타고 빨려드는 식감이 감미롭다
먹어보지 못한 자는 어찌
이 맛을 알겠는가

부딪히는 술잔 속에
피어나는 이야기꽃
먼 길 마다않고 달려온 사객들
한데 어우러져 또 하나의 굵은
역사의 나이테를 남긴다
어머니 품속 같은 미조항의 밤바다
하룻밤 쉬어갈 작은 문학관에
몸을 눕힌다

너는 바람인가

날마다
손에 잡힐 듯하나
잡히지 않는
신기루 같은 그것

다가서려 해도
늘 달음박질치는
반딧불의 반짝임 같은 유혹

눈뜨면 코는 길어지고
가슴은 까맣게 타들어

이제
그 마음 지우고지우고 싶어
날마다 애쓰건만

나뭇가지 끝에 걸린
바람이 자꾸
핑크빛 연서를 전한다

하 강 섭

경남 진주 출생
에세이 문예 신인문학상 수상 (2021)
에세이 문예 회원
곰솔문학회 회원
다솔문학회 회원
다솔문학상 대상 수상
공저 곰솔문학동인지 다솔문학동인지
에세이문예동인지 외 다수

다솔문학 12번째 동인지 동행

장도 산책길에서 외 2편

서 길 모

귀뚜라미 소리 풀내음이 어둠을 적시는 산책길
먹구름 품어 어둠 속에 안긴다

보름달은 구름 뒤에서 미로를 향한 그리움에 사무치고

샛길의 가녀린 불빛도 물먹은 소나무를 어루만지며 바다로 뛰어들어 윤슬로 환생한다

오솔길은 도시소음을 먹어도
속으로 삭히며 고요하다

숲속을 헤매던 칠게 한 마리
미생이 숲속에서 본능으로 생존하듯 포말 같은 거친 언어들 춤추는 세상에 물든 미생의 나를 본다

훈풍의 밤바람은 투명 인간이 되어 파도 속에 몸을 던진다

잔잔한 일상 까맣게 익어가는
여름밤의 산책길에 가랑비가
내려 마음을 적신다.

절로 가는 길

계곡의 흐르는 물소리
심연에 물보라 일으키고

스님들의 불경소리는
새 소리와 합창을 이루어
숲속을 어루만진다

오솔길의 산죽은 솔바람에 흔들리고 생명을 다한 고목은
용처럼 하늘을 날고 싶다

절로 가는 길
오뉴월 뙤약볕도 숲에 누워
쉬어 가는데 촉촉하게 젖은
잠방이에서는 사람 냄새가 물씬 풍긴다

절로 가는 길
이끼 낀 바위와 썩은 고목들
잔치에 청설모도 끼어든다

견성암 절집에는 묵언의 길 하안거 드신 스님의
밀집 모자만 홀로 툇마루에서 장좌불와 수행 중이다.

다솔문학 12번째 동인지 동행

꽃밭에서

야생화는 있는 그대로 수수하여 아름답고
정성 들여 가꾼 꽃밭의 꽃도
화려하여 아름답다

하루 종일 꽃과 마주하니 마음에 꽃이 활짝 핀다

젊고 싱싱한 줄기에는
화려한 꽃이 피고
고목에 핀 꽃도 수수하게 있는 듯 없는 듯 향기를 풍기는 꽃을 피운다

세상천지에는
젊고 싱싱한 청년꽃
잘 익은 아름다운 미소의 백발의 사람꽃들로 꽃밭이다

꽃밭에서는 나도 꽃이 된다.

 서 길 모

아호 설송
시울 & 예술 문학동인, 다솔 문학동인, 다다이즘 섬 포럼 전문위원, 기술사 한림원 수필 문학동인
에너원코리아/글로벌(주) 연구소장, 에코리본 프로듀서
전 LG화학 기술고문, 조선대학교 초빙교수, 한화솔루션 정년퇴임
전기공학 박사/국제기술사

꽃 외 2편

오 성 수

마음에 피는 꽃은
사랑이다

하나 둘 셋
포개 놓은 愛念
마음에 담을 情
모두 마음에
심어 두는 건 사랑
꽃으로 핍니다

愛想
아름다우리
보여줄 수 없어도
항상 피어 있기에

미소도
나눔 해볼 美도
모두 마음이
피는 꽃입니다

다솔문학 12번째 동인지 동행

살풀이

恨이더냐
춤이더냐

하얀 너울이
흐느낀다
쇠소리
북소리로 춤

울어 에일 날에
하늘에다 고하는 춤
素服의 영혼 되어
하늘로 오른다

이승
저승

슬픔 엮어낸 가락
뉘 넋 실어 보내는가
춤사위에 울음이
절절하다 애달다

사월 봄날에
어디로 보내는가
사른 향
너울너울
하늘길로 오른다

고군산 열도

점점점
서해의 섬이다
선한 사람들이
모여 사는 곳

바다를 막아
외줄 방조제
너머는 深海
어족 자원의 보고

막은 곳
넓은 들이 될까
아직은 소금밭

전설 하나씩
품어 안고
지켜낸 천년 꿈을
막아선 물길

섬마을 돌아오던
뱃길 그 자리는
옛이야기로 남고

섬 섬 연결한
연도교는 사랑
하나로 엮어낸다

다시 천년 길에
새겨질 꿈도
고우리라

새만금
길 위로 모여들 사람들
바닷바람에
맘 식혀 돌아서리

오 성 수
한국문인협회 회원, 전남문인협회 회원, 전남시인협회 회원
다솔문학회 회원, 진도문인협회 회원

다솔문학 12번째 동인지 동행

기억 외 2편

권 미 선

바람의 해루질에
파도치는 바닷가
정적을 젖히는 그리움의 연가인가
사위어 여민 가슴에
스며드는 그대 얼굴
코끝을 서성이는 비릿한 부둣가
속으로 속으로만 되뇌는 이름 하나
초사흘 어둠 속에서
혜성처럼 반짝이면
파편처럼 흩어지는
안부의 손짓인가
뭍으로 머리를 틀고 선 낡은 기억들
폐선의 뱃머리 위로
소원 등을 켜는 밤

석류꽃

앙다문 입술이 붉어지면
그대 오시려는지요
뿌리 깊이 버텨온 그리움이
담장 너머로 커져 갑니다
하루를 살아도
외롭지 않기를
모두가 나를 잊는다 해도
그대는 기억해 주기를
꽃잎마다 얼굴 붉혀
고백하는 한낮이 뜨겁습니다

다솔문학 12번째 동인지 **동행**

연리지

어느 곳 어디에 있어도
당신을 생각합니다
깊게 뿌리내린 인연으로
상처를 끌어안고 하나가 되었던 밤
쏟아지는 별빛이 가지마다 불을 밝히고
참아도 보고 싶은 마음 걸어
당신을 붙잡습니다
서로 다른 둘이서
살아서 한 몸
죽어서는 필요가 되었습니다

 권미선
다솔문학 회원
익산문인협회 회원
동인지 다수 참여

여름날의 추억 외 2편

김 진 영

에메랄드 해변을 걸었다
처음으로 단둘이 여행길

뜨겁게 달구어진 태양처럼
타오르는 우리의 미소가

산호 해변의 모래사장보다 빛나던
그해 여름날 추억들이

사진 속에서 웃고 있다
언니와 내가 마주 보며

다솔문학 12번째 동인지 동행

그리운 사람

가로등 아래 그리움이
혼자서 벤치에 앉아 있다

희미한 안개가 손 흔들어
스르르 흩어지는 기억들

환한 미소 그 목소리가
허공에서 메아리치고

손끝에 감겨드는
추억들을 더듬어 본다

약속

꿈을 꾸는 갈매기섬
어느 날에는 바다에 나가
조개 주워 칼국수로 저녁을 먹고

어떤 날에는 운이 좋아
갯바위에서 낚아 올린 우럭으로
매운탕에 막걸리 한 사발

그러다가 비라도 오는 날에는
텃밭 푸성귀 뜯어 부침개 파티
후식으로 커피 한 잔의 여유

그런저런 날들로 하루하루
행복을 쌓아가면서 살기로 했지
갈매기는 내 마음 알고 있겠지

김 진 영

월간 문학세계 신인상수상
다솔문학 기획국장
현대문학사조 회원
선진문학 회원, 숨문학 회원

초롱꽃 외 2편

신 의 철

어허야 디야 어허야
못 줄 띄우는 소리
오늘은 우리 집 모내기 하는 날
새참 내는 엄니 따라
논두렁길을 간다.
구불구불 논두렁길에
흐드러지게 핀 초롱꽃
산들바람에 사각사각 두 볼을 비빈다
한 손에는 조랑 바가지
또한 손에는 막걸리 주전자
구불구불 논두렁길 곡예를 한다
초롱꽃 피는 이맘때면 울 엄니 생각이 난다.

가을에 매달린 여름

북새통을 떨며 몸살을 앓던
여름도 무릎을 꿇고
물러설 채비를 하는구나
매미들 울음소리도 잦아들고
고추잠자리 하늘 높이 날으니
마음은 가을 속으로 빠져들어 가네
한들한들 메밀꽃도 소슬바람에
손을 흔들며
추석 장 보러 가신
울 아버지 거나하게 취하여
돌아오시는 길
훤하게 밝혀주고
강물도 맑아져 갈맷빛 윤슬이
소곤소곤 여울져 흘러가고
철새들도 한가롭게 유영하는데
갈대숲으로 숨어드는 바람은
여름을 밀어내고
귀뚜라미 앞세우고
성큼성큼 다가옵니다.

다솔문학 12번째 동인지 동행

베갯잇 사랑

희나리가 된
머리카락 위에 매달린
지나간 사랑의 노랫소리
베갯잇에서 흘러나오는
아름다운 선율의 사랑 소야곡(小夜曲)
망월이 되어 허공을 유영하며
부르던 노랫소리
시리도록 지워지지 않는
사랑의 흔적이
가락으로 남아 있습니다.

 신 의 철
다솔문학 회원

그리움 외 2편

김 산

기다려도
오지 않는

야속한
님이시여

여름은
흘러가고

가을이
찾아오건만

기다리는
님은

달포가
흘러가건만

소식 한 장
받을 수가 없네

인생길

시간이란
올가미를 쓰고

세월이란
밧줄에 묶여

이러지도
저러지도 못하는

우리네
인생길인 것을

흘러가는
구름을 벗을 삼아

후회와
미련일랑 갖지 말고

즐겁고
웃으며 사랑하며

순리대로
살아 나가보세

삶

모든 삶의
고뇌와 번뇌들일랑
흘러가는 세월에
던져버리고

깊은 계곡 속
물소리 새소리에
마음의 여유를
찾아보는구나

 **김 산**

아호 선덕
다솔문학 회원
좋은인연만들기 백일장 우수상

어둠이 내린 밤 외 2편

임 하 영

밤이 찾아와
은은한 불빛 창가를 적시고
수많은 사람들 종종걸음으로
각자의 쉼터를 찾아 돌아간다

가로등 아래
불빛 따라 흩날리는 마음은
아쉬움과 그리움으로 쌓이고
아직도 오지 않는 시간을 가른다

지친 발걸음
혼자만의 굴레 속으로 빠져들며
도시의 소음은 점점 멀어지고
고요함이 내 안에 가득 스며든다

오늘 이 밤도
빛나는 별은 보이지 않고
내 마음에 희미한 빛으로 남아
그저 지나가는 하루일뿐이다.

당신의 가르침

햇빛 가득한 짙푸른 솔밭
뭇 새들의 지저귐 속에
바람에 실려 온 그리움
여름날의 꿈이 피어오르네

푸른 소나무 사이사이로
햇볕 내려와 춤을 추고
보랏빛 맥문동이 가을을
재촉하며 더위를 식혀준다

소나무 숲 사이 길 걸으며
당신과 함께 나누던 이야기
세상의 힘들고 어려운 것도
마음먹고 실현하기에 달렸다는

당신의 가르침 사랑의 향기
언제나 되새기기 위하여
오늘도 이 길을 찾아
당신을 그리며 걸어봅니다.

수종사의 하루

운길산 정상 아래에 자리 잡고
북한강과 남한강의 합류를 볼 수 있는
천혜의 아름다운 불사 수종사

바위틈에서 떨어지는 물방울이
종소리를 냈다 하여 수종사라는
이름으로 불린 전설이 남아있다

일찍이 서거정이 동방 사찰 중
제일의 전망이라고 격찬한 곳으로
사계의 풍광이 더없이 빼어나다

그 중에 가을 단풍이 물드는 시기의
풍경이 최고의 절경으로 꼽는다

오백년 수령의 은행나무가 자리 잡고
다실 삼정헌에서 전통차와 풍광을
마음껏 즐길 수 있는 시간늘이 아름답다.

임 하 영

아호 덕해 / 한국시와소리마당 수석부회장, 다솔문학회 회원
윤동주별문학상, UN NGO 문학대상, 시담문학대상, 2017년도 제3회 대한민국교육공헌대상 외 다수 수상
〈저서〉제1집 『내 안에 그리운 그대』, 제2집 『가슴에 담은 별』, 한국시와소리마당1~6집. 대전문학. 다솔문학동인지외 다수

다솔문학 12번째 동인지 동행

너의 미소가 주는 의미 외 2편

손 옥 희

보이지 않는 공간
한 줄기 빛으로
너의 미소가 다가왔어

애달픈 내 맘
둘 곳 없어 헤맬 때
너의 미소는 따뜻했어

메마른 대지에
스며드는 비처럼
너의 미소가 젖어 들었어

품고 품으며
시간의 흐름 속에
너의 미소가 내게 물들었어

지워지지 않는
지울 수 없는
물이 들고 말았어

능소화 · 1

꽃 한 송이 뚝 떨구고
붉게 물들이다
한마디 말도 없이 떠나가더니

작열하는 햇살 아래
담벼락에 붉은 옷자락
길게 늘어뜨리고 미소 짓는 너
아름다움에 발길을 멈추었다

곱디고운 얼굴을 바라보니
미소 짓는 두 눈에 눈물이 고였더라
애잔한 사랑에 목이 메어
눈물이 빗물 되어 흐른다

밤하늘에 별들을 헤아리며
수많은 밤을 지새운
애달픈 너의 순정은
피가 되어 붉게 물들었다

꽃향기로 유혹할지라도
그대는 간곳없고 맘속에 숨겨둔 절규는
허공 속으로 사라져 버렸다.

폭염

세상을 녹여버릴 듯이
뜨겁게 내리쬐며 숨 막히게 더운 날
바람은 어디론가 숨어버리고
땀이 비 내리듯 쏟아져 내렸다

아스팔트가 녹아내리고
나무 잎사귀들은
힘없이 고개를 떨구었다

농부들의 한숨 소리가
들녘에 메아리칠 때
단비가 내리고 바람이 찾아왔다

바람이 분다
시원한 바람이다
내 옷깃을 스치며 지나가는
바람 소리를 듣는다

손옥희

아호 지연
다솔문학회원
현대시선 시인문학상 수상, 현대시선 문인협회 총무차장
제12회 한국감성대상 수상, 제14회 현대작가대상 수상

계절 따라 왔어 외 2편

고 광 숙

싱그러운
초록 향기가 살랑거리며
꽃향기 같은 꽃바람이 이네

불같은 여름이라
씽씽 쌩쌩 때려도
내 살점 익는다 익어

갈대밭에 휘날리는
가을 남자 같이 솔솔
분위기 띄우며

햇살 없는 처마 끝에 매달린
얼음덩이 같은 정체는
호호 불어도 떠날 줄 모르고 있네

보일 듯이 보이지 않는 그는
계절 따라 날아드는
4계 바람바람바람

다솔문학 12번째 동인지 동행

복주머니란(난)

숲속의 인어공주처럼
신비스럽고 튀는 미모라
누가 따 먹을 것 같아 두려워
우스꽝스런
개불알 이름표를 붙이고 있다

나의 머리 밑에는
할매 쉬 할 때
엉덩이 까고 앉을 만한
요강 덩어리가 매달려 있다

누렇게 싸지른
요괴물을 깨끗이 씻어
오복 덩이로 만드는 세상
한편의 유머극처럼
귀한 웃음보 터트리며

님 희소식에
자색빛 신발 한 컬레 곱게 갈아 신고
마중 나와 귀한 향기
풍선처럼 부풀려 띄운다

찻잔의 속삭임

찰랑거리듯
내 품에 안겨

홍차의 향기
빨갛게 동동 띄우고

블랙의 그윽한 커피
향 담아

들꽃 같은
향기로 벗이 되고

우윳빛 같은
삶을 그리며

봄꽃 같은
하루를 만들어 봐요

고 광 숙

아호 새나
다솔 문학동인지 8호, 11호, 12호 참여
시인의 사회 문학 우수회원 상장
가연문학 회원

섬진강 외 2편

최 석 종

땅의 정기 숲의 혼이 층이 되면
팔공산 상추 막이 골 데미샘
젖줄이 흘러내린다

데미샘과 여울물이 만나고
보성강을 품은 오백 리 젖줄은
전라도와 경상도를 아우르며
실핏줄로 뻗어내려
이름 없는 땅
샛강이 생명이 되고
은빛 새우 둠벙의 살집이 된다

먼 길을 가는 나그네여 섬진강을 지나가라

협곡은 제 살을 떼어내어
강에 나눠주고
그 살 채운 재첩이
생명의 꺼리로 주는
관용은 반짝이고
동자개는 원을 그린다

시간이 멈춘 곳에서
마지막 남은 행운 그대에게 나눠는
섬진강은 노을의 걱정이라
꼭 만나라
어머니의 젖가슴인 그 강을

다솔문학 12번째 동인지 동행

푸새

사랑과 열정이 잠들어
공기조차 무거운 군중 속을
햇살 한 톨 품은 푸새가
광복로 삼거리에 서 있다

미화당 골목길 고갈비 익어갈 때
건너지 못한 강을 건너
유월의 청춘이 다시 오면
한잔 술에 아집과 집착을 털어 넣고
배설물 배출하듯 버리고 싶다

자갈치 아지매 호객 소리
비릿한 냄새 진동하는 보도블록 틈새로
한 줌 바람을 움켜쥐고 일어서서
어두운 구석마다 햇살 알갱이 꿰어보다
검게 그을은 울음 토해내고

관용으로 뿌리를 깊이 내리며 살아가다
만월의 달 속에 오롯이 녹아드는 땅속 영혼

lMF 보고서

안전판이 사라진 세상
새로운 정글이 세상을 삼켰다
풀밭을 빼앗긴 토끼는 돌산으로 가고

지하철 계단에 기둥이 뒹굴 때
골목길 전신주 돌고 돌던 등짝은 젖어가고
자라목 접은 아기 그루잠 자고 있다

낮과 밤을 빼앗긴 심장이 의자에 묶여있고
승자의 탐욕은 화분에 담긴 전리품을 핥고 있고
오대양 육대주를 휘젓던 물고기 단두대에 오르고
노을 담은 눈동자는 쪽빛 바다 그린다

산의 변곡점 시간을 짓는 마법이 있어
980원의 마법을 믿고 웃을 수 있다면
햇살 한 톨 품은 푸새가 세상을 지탱하고
달과 함께 사립문을 여는 거북손이
다윗의 현에 나팔꽃을 꽂을 것이다

최석종

아호 호은 / 1963 부산출생, 문학시선 시 등단, 시학과 시 평론 등단
한국문학 공모전 최우수상, 파리아트 컬렉션 최우수상, 타고르 공모전 우수상
윤동주 공모전 우수상 / 시집 『희망의 발싸개』

다솔문학 12번째 동인지 **동행**

방우리 가는 길 외 2편

신 봉 교

물길 따라
꼬불꼬불

섬도 아니면서
섬마을인

금산이면서
무주였고

선거 때마다
입에서 입으로

금방 될 것처럼
오르내리며

쏘가리 빠가사리
쉴 새 없이 첨벙이는

오래도록 외로웠던
방우리

짜글짜글 끓는
적벽가든 매운탕 할매

방우리 다리 소문만 무성한 채
하늘에서 활짝 웃는다

다솔문학 12번째 동인지 동행

요양보호사

직장 퇴직 후
잠깐 버스 운전하더니

칠순 나이 가까운
윗집 형님

요양보호사 학원 다니다
자격증 받았다

이래도 되는 거냐고
위치가 바뀐 것 아니냐

우린 농 섞인 만류였지만
오락가락하시는

오항리 치매 할아부지
처음부터 숙제가 너무 어렵다는

우리들의 편견을 뒤에 두고
씩씩하게 간다

여름아

노아방주
장맛비로 전부를 털고

주구장창
달라붙는 폭염

더위에 지치셨나?
하느님

에어컨 냉방을 켠다는 게
온풍길 틀었다

거울아!
거울아!

우짜먼 좋노

신 봉 교
계간 시학과시 등단
시학과시 작가회 회원
다솔문학회회원

다솔문학 12번째 동인지 동행

겨울비 외 2편

홍 석 우

누가 볼까 두려워
꽁꽁 싸맨 채 지새운 여름날의 기억
애써 외면할 수밖에 없었던 시간이
헝클어진 베적삼 사이로 쏟아져 내립니다

가슴속 쌓였던 설움 그리 깊을 줄이야
미처 헤아리지 못한 어리석음을 탓해 봐도
서운함에 폭발한 불같은 분노는
형용할 수조차 없는 슬픔으로 다가옵니다

젖은 유리창 너머로 흐르는 인연
하얗게 질린 날 닮은 얼굴 하나
마주 보며 뜬눈으로 지새운 밤
뽀얀 안개가 얼어붙은 호수를 들어 올리면
잡았던 손을 놓고 돌아서는 뒷모습을
멍하니 바라보고 섰습니다

어느 날 문득

어두컴컴한 골목을 휘젓고 지나는
바람 소리에 마음을 베이는 날
붉은 유혹을 뿌리친 손길은 담장을 타고 흐르다
봄 햇살 아장아장 모여든 뜨락에 멈추어 선다

숯불 담은 화로의 온기로 허한 맘을 채우고
등잔불 아래 낡은 옷 꿰매시던 어머니
주름진 세월 탈색되어 버린 아픈 단내와
그 한숨으로 얼룩져버린 품속을
말없이 내어주시던 어머니의 온화한 미소

어느 날 문득 마음이 시려오는 날에는
반백 년 흘러온 거친 물살을 거슬러 올라
꿈속의 자장가 불러주시던
고왔던 어머니가 보고 싶다

다솔문학 12번째 동인지 동행

폐어선의 꿈

세월에 흔적을 고스란히 가슴에 안고
갯벌에 파묻혀 쓰러져 가면서도
언젠가는 묶인 닻줄을 풀고
거친 바다로 달려 나가는 꿈을 꾸곤 했다
가끔 찾아오는 갈매기들이 뱃머리에
파도를 몰고 왔다 바람처럼 떠나버리면
설마 한 번쯤 다시 찾아주지 않을까
막연한 기대로 지새우는 겨울밤
치열했던 삶의 상처 속에 헛된 꿈은 무너져 내리고
이제는 돌아갈 수 없을 거란 서글픈 생각들이
갯고랑을 따라 밀물처럼 밀려들어도
거센 파도와 싸우며 만선의 깃발을 달고
의기양양 귀향하던 젊은 날들을 회상하며
그리움 가득한 갯벌 한 귀퉁이 할미바위처럼
굳어있던 몸을 천천히 곧추세워본다

 홍 석 우
시흥시
다솔문학회원
초록물결 5~9, 사랑시집 콩깍지 들국화연가 참여

노래하는 인연 외 2편

양 태 인

세찬 비바람에
능소화 꽃잎 떨어져
가녀린 가슴에 쌓여만 간다
그 옛날
허심탄회한 대화를 나누며
거닐던 인연들
이젠 내 곁을 떠나 생각만을 키운다

하늘 왕국 구름 속 모퉁이에 자리 잡은 숱한 얼굴
우린 소중한 재회를 기약하며
살아있음에
기도드릴 수 있음에 감사드리며
실타래 된 인연들을
쉴 새 없이 초대하여
기나긴 인생길
만찬을 즐기려 합니다

먼 훗날
온 세상을 얻은 듯
걸쭉한 막걸리 한잔으로
멋들어지게 함성을 올리자꾸나.

다솔문학 12번째 동인지 동행

노년의 여름

40년 전
아버지가 돌아가시던 날
살아오면서 처음 본
모질었던
엄마의 큰 울부짖음
온몸을 사르시는 몸부림

2000년도 8월
어머니가 떠나시던 그 날은
엄청 비가 내렸습니다
마음속 깊은 슬픔을 감추려
하염없이 흐르는 눈물조차
빗줄기에 묻혀
내리고 있었습니다
어머니의 피눈물을 받아 마시고 살고 있던 아들입니다
두 분 삶의 여정을 탄식하는
아들의 몸부림일 것입니다

부부는 하나입니다
한쪽이 없는 고통은
눈물마저 삼켜버리는
쓰라린 상처랍니다
혼자 사시는 동안
숱한 고통과 슬픔만을 안고 사시던 어머니

저희 부부가
어머니를 닮아갑니다
사는 동안
더욱 사랑하며 아끼며 살렵니다
후회 없는 부부의 인생길은
언제나 둘이
함께 있는 시간이랍니다.

다솔문학 12번째 동인지 동행

하늘 마당

어둠이 깔린 하늘가
한 조각 한 조각
접어둔 마음들을 펼쳐봅니다
하늘마당 가운데는
아버지랑 어머니의 자리입니다
옆에는 세상 뜬 소중한 인연들이 자리하고 있습니다
못다 한 이야기
못다 드린 마음
생각만으로 살아온 후회들이
순식간에
짙은 구름 떼로 몰려와
하늘을 덮습니다

너무 일찍이 세상 뜬
여동생이 그립습니다
마지막 생전 얼굴도 못 보고
먼저 보낸 친구들을 불러봅니다
제 마음을 헤아리는지
하늘가 뭉게구름 되어
반갑게 얼굴을 내밀며
인사를 나눕니다

살아있는 사람의
절절한 기도만이 선물입니다
적막한 암흑의 터널을 지나
밝은 하늘마당에
환희의 합창이 울려 퍼질 때
감사의 폭발음으로
세상이 열린답니다

망각의 터널은
초라하고 길고 긴
방랑의 순례길이랍니다
재회의 기쁨을 위하여
우리 모두
천진한 어린아이로
다시 태어나야 합니다.

양 태 인
아호 고목
현대시선 시부문 신인 문학상 수상, 열린동해문학 시부문 신인문학상 수상
남동문학회 회원.현대시선 회원.다솔문학회 회원.
공저:『삼성의 온도』,『13월의 시』,『그대라는 꽃이 피는 봄』 외.
시집:『인생길』 출간.
현재: 대한주택관리사협회 인천시회 고문.

다솔문학 12번째 동인지 동행

달무리 외 2편

김 용 수

바람이 휩쓸고 간 밤하늘엔
달무리 둥지를 틀었다
그 옆에는 희미하게 비치는 작은 별

몇 달 전 일곱 개의 별 중에서
하나가 유성처럼 떨어졌다
모두가 슬픔에 젖어 울고 또 울었다

그동안 나름 남은 힘을 다 쏟으며
빛을 발산하려고 노력했지만
명운을 다하면 어쩔 수가 없나 보다

별 하나하나가
더 이상 흩어지지 않도록
나는 주머니를 열고
달무리 안으로 모으려 애를 쓰고 있다

잃어버린 그 별의 흔적을 더듬다가
참아왔던 뭉클한 마음을 토해내며
정성껏 풀을 깎고 술 한 잔 붓는다.

가을밤

세월이 풀벌레들을
다 잡아먹어 버렸나 보다
가을밤은 침묵을 부르짖고

간간히 부는 바람은
나뭇가지에 걸린
하얀 달빛을 털어낸다

젖은 달빛 붙잡고
이 밤도 뜬눈으로 지새려나

멀리 지나온 그곳으로
잠시만이라도 날 데려다준다면
나는 가을을 노래할 텐데

다솔문학 12번째 동인지 동행

그리움

달빛 창가에 내려와
내 마음 비추니

꾹꾹 참았던 그리움
한없이 토해내네

그대가 뿌린 사랑
내 가슴에서 자라나

주렁주렁 사랑 열매
너무 많아 다 셀 수도 없다네

 김용수
2021년 '시학과 시'에서 등단.
다솔문학회 회원.

이것도 사랑이다 외 2편

홍 성 주

나보고 어쩌라고
계절은 가버렸는데
애처로운 눈빛으로
바라보느냐

의외로 마음의 상처
둘 곳 없어 방황하는
이 못난 나그네
너를 받아 주기 힘들어

장사꾼이라면 몰라도
현실을 지시하며
타인에게 인적 물리적
피해를 줄 수 없어

미련이야 많지만
가슴에 담고
멀리도 가까이도 아닌
바라보는 것만으로도 행복해

너는 몰라

처음 만났을 때
이목구비가 뚜렷해
한순간에 반했어

화려한 네온이 춤추는 밤
너의 예쁜 눈 속에
투영되어 죽을 뻔 했어

수많은 꽃들 스쳐 왔지만
너와 같은 향기는
처음이야

사모하는 이 마음
너는 모를 거야
내가 너를 얼마나 사랑하는지

세상이 끝날 때까지
고백할 수 없을 거야
가까이 가면 멀어질까 두려워

참 좋은 사람

많은 시간을
걱정 없는 인연으로
함께 보낼 수 있는 사람

매일 만나도
맛있는 음식처럼
영육에 도움 되는
참 좋은 친구 같은 사람

서로 부족한 점
이해하고 채워주려는
애틋한 사람

마주하지 않고
생각만 해도 기분 좋은
그런 사람이
참 좋습니다

홍성주
다솔문학 회원
영상 작가
다솔문학 동인지 외 다수 공저

다솔문학 12번째 동인지 동행

커피 외 2편

신 영 미

그대 안에
내가 있고
내 안에
그대가 있어
함께 머물렀던
절정의 순간들
커피에 새겨진 편린

발레리나처럼
묵직한 빗방울처럼
늦가을 향기같이
감미롭고도 촉촉하게
나를 적셔주는 연인

커피는
추억과 사랑과 시

카페에서

커피를 주문하고
그대 오기 기다린다

그대 오지 않고
비워져 가는 잔
기다리는 시간 길어
식어 가는 잔

오래 기다리게 말기를
한 잔의 기다림이야
사랑으로 채운다지만
나머지 빈 잔은
눈치로 채우지 않게

식은 커피처럼
마음 차가워지기 전에
그대 얼른 오시기를

다솔문학 12번째 동인지 동행

雪녹차

찻잔에
해 맑은 아기
따스한 볼
순수한 얼굴이 비친다

찻잔에
맑은 향기
벌판을 어루만지는
바람소리가 난다

찻잔에
밝은 달 밤
창밖에 들리는
귀뚜라미 소리가 난다

찻잔에
송이송이
소리 없이 쌓이는
눈 소리가 난다

찻잔에
그대와 나
마주 보는 미소가
오롯이 담긴다

 **신 영 미**

서정문학 시등단
한국 문인협회 회원, 이천문인협회 회원
한국 문협이천여주 역사문화연구위원
다솔문학회원, 메타포엠 회원

멍에 외 2편

김 준 일

껍질을 깨고
어둠에 갇힌 두 눈
아침을 보려 한다
숨 막힌 외길 인생
공허함 마저 주식이거늘

넋두리는 줄을 서고
차마
채우지 못한
끝없는 망상 속
가슴은 곪아 간다

귓전에 맴도는
애달픈 세상의 소리
감당해야 할 몫은
어쩌면
내가 짊어져야 할
바람의 뜻인가 보다

아들의 눈물

요람에 태워놓고
어디를 가시나요
아버진 오시지도 않았는데
그토록
바람이 불었나 봅니다
하얀 젖가슴 비벼대고
빨개진 내 얼굴
그리울 만도 한데

기억이 없습니다
당신의 모습도 사랑도
그저
구름 타고 가는 날
당신의 모든 것 태우고선
기껏 남은 건 돌 사진 하나뿐

매일 밤
까칠한 아버지의 턱을 매만지며
당신 꿈을 꿉니다

다솔문학 12번째 동인지 동행

포장마차

해거름 무너질 쯤
빈속을 조롱하듯
일렬로 잠재운 재물들
잠긴 목줄기를 깨우고선

죄 없는 뒷주머니
은근슬쩍 뒤척이고
석쇠위 고갈비 탄내
주저앉은 푸념들

시선을 뒤로한 채
아랑곳없이 꼬아버린
시건방진 한쪽 다리
비음 섞인 콧노래
흥얼대 보지만

손 놈 없다고
투덜대던 아지매
입꼬리 치며
횡설수설

새어든 바람 줄기
술병이 엎어질 때
음탕한 눈길만 힐끗힐끗

김준일

2020 청옥문학 등단
다솔문학 회원
청옥문학 회원
영춘문학 회원
공저 초록물결 별늬 들국화연가 외 다수

믹스커피 외 2편

오 세 주

오로라를 그리는 밤하늘
탄성처럼 별빛이 곱다
북극광처럼 라플란드
하늘을 깊게 드리우는 너

핀란드 여행길에서 본 광채의 신비로움
도깨비불 같은 감성을 자극하는 재주꾼일까

자연이 우리에게 주는 선물이라면
혼란과 자기 정리를 거듭할 시기에
너를 기억하는 건 무슨 뇌파의 전달일까

고소한 그 사랑에서
나를 부르는 떨림소리도
목적을 향한 울부짖음 사이에
오롯한 적응으로
매일처럼 너를 부른다

혼합된 인생인가
설탕과 프림으로
대지를 적시던 세계에는
오하시스 보다 갈망하던
타오르는 전율이 있다

다솔문학 12번째 동인지 동행

여름날 꽃씨 하나 심었습니다

그립다 그립다 했더니
어느새 내 맘 가득 소식이 전해옵니다
당신이 보고프다 투정 부렸더니
먼발치에서 다정스런 사랑으로
성큼 다가와 손짓합니다

복사꽃 마을
배꽃이 흐르던 그곳에서
당신은 언제나 저를 부르곤 했습니다
고운 향 그득한 당신은
청국장 사랑으로 품어주곤 했습니다

봄이면 봄마다 피어난 마을 어귀에 들꽃을 보고
가마구지 고개 등성 너머 할비의 묏자리까지
쓸고 담고 가슴에 당신은 천성 효녀이었습니다

어미 없는 설움
홀연히 떠나버린 당신의 어머니는
찾을 길 없어 외로운 가장의 무게를
감당해야 했습니다

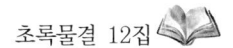

복숭아꽃이 피었습니다
외롭던 당신이 처음으로 웃었습니다
여름날 꽃씨 하나 심었습니다

* 가마구지 : 화자의 시골 뒷산 이름

빛의 광산

하늘의 꼭짓점에는 지구촌이 있다
거대한 불빛의 통로가 기다리는 요새처럼
긴 시간을 거슬러 화려한 불빛을 나타내려
생명의 선을 그리다가 선율의 곡조를 부른다

인정이 메마른 성에는 파릇한 자유가 없고
열방의 온도가 식어버린 그곳
차가운 냉대의 시간이 저울질하고 있다

토성들 사이로 빛의 광산에는
개미처럼 새로움을 창조하는 군단들의 입김과
정보와 통신으로 무장한 미래를 꿈꾸는 자들
찬란한 비밀의 강을 바라보는 시선에서
통 큰 나라들의 보이지 않는 경제 전쟁이 시작한다

눈을 들어보라
창틈 사이로 미세하게 비추는 거대한 광채
그 시야를 들여다보다 지구촌을 보고
우주 안에 거하는 인간의 생태를 이해하게 된다

오 세 주
시인, 아동문학가
월간 한맥 시부문 등단 (2010)
월간 시사문단(그림과책) 동시등단 (2010)
저서 : 시집 『아내가웃고있다』 『에세이 "독서는인생이다』 등 다수
한국문인협회 시분과
이천문인협회 수석부회장
기획도서 :『책 속에 사자가 있어요.』(동시집)『어진이의 시간여행』(수필)
　　　　『꿈을 키우는 재원이의 독서 일기』

벚눈 외 2편

최 준 표

함박눈 내리는 날
바둑이랑 함께
뛰어놀았어요

엄마가 추운데 감기 걸린다고
빨리 들어오라 하는데
들어가기 싫어요

벚눈이 내리는 날에는
바둑이랑 뛰어놀아도
엄마는 싱글벙글 웃으며
들어가라는 소리 안 해요

참 이상해요

따라쟁이

학교에 다녀와 숙제를 하면
내 동생도
공책과 연필 달라고 해요

글자도 모르는 내 동생
공책에 열심히 동그라미만
그려요

한참 후 숙제 다 했다고
한숨 쉬면서
엄마에게 우유 달래요

다솔문학 12번째 동인지 동행

삐삐

고모가 우리 집에
뽀미 강아지랑
놀러 왔어요

내 동생 이윤이는
귀여운 뽀미 이름을
삐삐라고 바꿔 놓고
귀염둥이 놀이를 해요

 최 준 표
서정문학 동시/시 등단
한국문인협회 회원
성동문인협회 회원
다솔문학회 회원
저서: 『나이는 무슨 맛 일까』

싱건지 외 2편

신 진 철

짠지를 길쭉하게 썰어
물에 담가 우리니 싱건지

찌개 국물에 밥 쓱쓱 비벼
한 개씩 얹어 아삭아삭

아내의 웃음소리 같은
고춧가루 약간 실파 약간

아내의 눈길 담긴 듯한
심심한 국물 한 숟갈

혼자 먹어도 외롭지 않은
퇴근 후 저녁 한 끼니

감자전

잘 갈아서
번철 위에 올린다
지글지글 노릇노릇
환상이 익어간다

치즈를 뿌렸다
아련한 치즈 향까지
천국의 냄새가
따로 있지 않았다

천사 닮은 아내가
우리 집 주방에서 차린
하늘의 밥상
예순두 번째 내 생일상

문안 여쭙기

어제는
엄마와 통화가 안 됐어요

한 번 못 받으셨는데
다시 드리지 못했거든요
엄청 더웠는데

에그, 나쁜 놈

엄마 기다리셨을 텐데

 **신 진 철**

다솔문학 회원
충북제천 농민 시인
2023년 첫 시집 『점심엔 국수나』, 『심심한 책방』 발행

다솔문학 12번째 동인지 동행

삶은 감자 외 2편

김 옥 자

감자 꽃이 지고 나면
흙을 품은 뿌리
조롱조롱 매달린 감자

감자 캐는 엄마 따라
밭고랑에 왔다 갔다 귀찮게 할 땐
"밭고랑에서 나가지 못해"하시다가 그저 예쁜 막내
호미 놓고 못 이긴 채 들어 주신다

엄마가 삶아주시던
하얀 분이 나 포슬포슬하던
달콤하고 짭짤한
엄마의 사랑 같은 감자

이웃에서 가지고 온 감자를 삶아
접시에 담아놓고 보니
어릴 적 엄마의 모습이
담아놓은 접시에 앉아 웃고 계신다

저녁노을

서산으로 뉘엿뉘엿 지는 해
붉게 타오른다
선홍빛 노을 번져가는 하늘
그림처럼 아름다운 저녁노을

주홍빛 노을 붉게 물들어
아련히 떠오르는 그리운 벗이여
어느 노을 아래 숨어
지금도 우는가

지평선 너머
그리움으로 다가오는 구름
물처럼 흘러들고
가슴에 저며온다

다솔문학 12번째 동인지 동행

상록수

파란 하늘 아래 사철 푸르름으로
서 있는 나무에 젊은 날의
나는 말했다
너는 혼자 서 있어 외롭겠다고

봄여름 지나 가을의 이파리들
모두 떨어지는 늦가을
사랑하는 사람들 하나둘 떠나갈
때 나는 다시 말한다

햇볕이 너를 사랑해서 늘 파란
빛을 발하고 새들이 찾아와
벗해주는 네가 행복해 보여
부럽단다.

김 옥 자

청옥문학 시 부문등단
(2023) 신인문학수상
청옥문학 회원, 영축문학 회원, 다솔문학회 회원
공저: 초록물결 8 12
캘리그라피 시화집 참여

응급실행 외 2편

박 영 애

폭염 속에 아침식사를 마치고
가족 모두 나들이 가려는데
천둥번개 번쩍번쩍 한꺼번에 내려친다

남편에게 내리친 천둥번개
딸들은 놀라 119에 전화를 걸고
먹구름 먹은 얼굴에 소나기 퍼부어 온다

나의 소나무 나의 버팀목
우리 집에 큰 소나무
안락함 안겨 주었기에 평온할 줄만 알았다

감사함을 모르고 살아온 이기적은 여인
남편 얼굴을 보니 안쓰러웠다

이제야 깨달은 가장 어깨의 싯눌림
건강 잘 지키며 우리 함께할 그날까지
감사하는 마음으로
사랑으로 어울렁 더울렁 익어가요

다솔문학 12번째 동인지 동행

행복

산다는 게 별거야
잘 먹고 잘 자고 상쾌하게 일어나면
이게 행복이지

옆 지기랑 아침 산책길
여러 꽃들과 대화하고
땀 흘리고 난 후 행복함

상쾌하게 매일매일
기쁨이 넘치는 시간을 만들어 갑니다

머리 복잡한 일 떨쳐버리고
편안하게 시간을 즐겨봅니다
행복한 나의 미래를 위하여
조금씩 마음을 비웁니다

누구에게 마음의 상처 준 적 없는지
서운하게 한 적 없는지
혼자만의 세상에서 깨어나
더불어 흰머리 예쁘게 물들여 가면서
내 인생의 노을 즐겨 봅니다

코스모스 길

코스모스 한들한들 신작로 거닐던
유년시절 꿈 희망 가득했던 죽마고우들
와자지껄 지저귀던 새 떼들의 하굣길

이제는 소년 소녀들 시간 훌쩍 흘러
인생 노래 가락장단에
몸을 맡겨 달리기를 하였나 보네
할머니 할아버지 중년의 멋진 삶으로

인생의 봄여름 가을 겨울 색으로 채색되어 살아가겠지
즐기울 때는 노래 장단에 덩실덩실 춤을 추며

한 편의 영화처럼 아름답게
세월을 둥실둥실
나의 멋진 추억 나의 멋진 그리움들

박 영 애
아호 아침햇살
현대문학사조 등단, 다솔문학 회원
초록물결 외 동인지 참여 다수

다솔문학 12번째 동인지 동행

민들레 인연 외 2편

임 희 선

어느 바람
손잡고 왔을까

눈 소복이 쌓였던
도시 골목길

누구의
기도였을까

콘크리트 틈
봄 햇살
어루만진 자리

어떤 사랑으로 피어
이토록 곱게
내게 온 걸까

정해진 시간 다 하면
바람 타고 날아갈
너 이지만
그런 널 가슴에 담는다

또 다른 삶

땅을 기어도
태생은 담쟁이

하늘을 향하여
오르는 것만이
정답은 아니다

어딘지 모르는 그 끝
계절이 다할 때까지
주어진 길을 걷는다

붉은 인연

갈바람이 불면
푸르던 나무는
헤어짐을
붉은빛으로
잎새를 물들인다

떠남을 미리 알고
준비하는
저 황홀한 몸짓

어느 날
남모르게
스며든 당신

뜨거운 믿음을
갈색 한숨으로 쓴
편지를 이제 내가 읽습니다

서리 바람 불면
그나마 떨어져 버릴 인연
갈 하늘이 눈물처럼 맑습니다

임희선

아호 고송
서정문학 시부분문 신인상수상
문학고을 수필부문신인상수상
경기신인문학상 수필부문수상
서정문학 동시부문신인상수상
서정문학상대상 수상
시정문하운영위원, 한국문인협회회원
한국문인협회이천시지부 회원
저서 시집 『너는 담쟁이처럼』
다솔문학 초록물결 1~11집 공저외 다수

다솔문학 12번째 동인지 동행

계절의 끝에서 외 2편

장 선 호

서로가
경주하듯
비상을 꿈꾸면서

폭풍우
비바람도
말없이 견뎠어라

더위에
지친 두 날개
퍼덕이며 웃는다

흑산도 추억

바다를
바라보다
육지를 바라보며
배 떠난 항구에서 목 놓아 울던 아씨
오지의
섬마을에서 기다리던 임이여

시절이
지난 지금
천혜의 관광지로
홍어며 해산물에 풍성한 먹거리들
당신이
그리울 때면 미소 지어 본다오

언제고
한 번쯤은
뒤돌아볼 법한데
파도 위 적어놓고 떠나온 약속이라
곰삭은
꼬롬한 냄새 이 마음을 어쩔꼬

다솔문학 12번째 동인지 동행

연밭에서

누구나
마음속에
소원이 있다지요

질퍽한
뻘밭에서
견뎌온 당신처럼

속세의
한 줄기 희망
내려놓고 걷는다

 장 선 호

아호 淸雨
월간 문학세계 시조등단(2015). 계간 시세계 시등단(2015)
한국시조문학 시조등단(2017)
한국문인협회 회원, 한국시조문학 회원
사상문화예술인협회 회원. 문학세계 운영(홍보)위원
천성문인협회부회장, 한국베이비박스문인협회대표
제16회 시세계문학상, 천성문학상, 한국예총문학상, 온천시조문학상 외
공저 - 『베이비박스에 희망을 싣고 1집~9집』 외

낮달 외 2편

신 재 균

내 편이라 믿었던 사람이
이권으로 시퍼렇게 날이 선 칼을 꽂는다
무방비에서 당했지만 죽지는 않았다
다들, 천운이란다
사방이 꽉 막힌 방에 들어서서야
안도하며 인간의 탈을 벗고
깊은 잠에 빠지는 동물,
종교마저도 황금에 팔려버린 지금
한 잔의 샴페인에 영혼을 팔리라는
빛바랜 유행가 가사가
낮달처럼 하늘에 걸린다

서민

상床이 누추하여 신문지를 깔았다
겨우 마련한 외출복을 입고
주변의 눈치를 살핀다
엎드린 시내든 일어선 강물이든 막지 못하고
간신히 살아내는 게 우리 같은 서민들
냉장고를 나온 술병이 땀을 흘린다
눈치도 없이 젖어가는 신문지가
살아남으려는 안간힘같이
안쓰럽게 다가온 초저녁
살아내기 위한 몸부림이 술잔 속에 뜬다

식구

내가 삼계탕을 먹으면
문 앞 영웅이도 삼계탕을 먹는다
입맛마저 변덕스러워져 가는 나이
팔팔한 수문장을 보면서
내 어렸던 시절들이
아슴푸레 허공을 휘젓다가
한밤 초가집 추녀 끝에서
불총 맞은 새처럼 곤두박질치는
꿈속에서도 그리던 한입 고깃덩어리 삶
도덕도 예의도 책임감도 인성도
더불어 나마저도 잃어가는 허허로운 하루가
어두운 밤하늘에서 추락한다

신 재 균
3류 인생
3류 시인

그리운 날의 행복(01) 외 2편

안 화 균

그대 그리운 날
어깨에 손을 얹고 따스한 벚꽃 향기 속 살가운 내음이 보고 싶어집니다
그대 그리운 날
얼굴에 입맞춤하면 붉은 장미꽃 피듯 상큼한 보조개가 날 웃음지게 합니다
그대 그리운 날
가슴에 사랑의 꽃그림 따서 목에 걸어주며 함박웃음 향기 나누던 찻집의 음악이 내 귀를 즐겁게 합니다
첫눈이 내리듯
내 마음에 쌓인 그리움이 그대의 눈사람처럼 눈썹 달고 눈도 새기며 코도 내밀며 입도 살짝 돋으면 어느새 눈물방울 한 가득 설렘이 되어 소리 없이 걸어옵니다.

가을 연가(03)

새벽을 모르는 풀벌레의 하모니에
단잠은 멀어지고

분주히 달리는 차바퀴 휘파람은
귀청을 울리며 아침을 깨운다

나무숲 사이로 얼쑤 얼쑤 참새의 어깨춤에
잠꾸러기 허수아비 기지개 켜고

벌과 나비 꽃 가락 음악에 맞춰
한바탕 왈츠를 뽐내고

콩 타작마당 도리깨가 드럼을 두드리면
넓은 들녘 가을 하늘 합창대회

손님 되어 찾아온
해바라기의 우렁찬 앙코르 박수에

소리의 계절 가을밤은 보름달 되어
이슬처럼 영롱한 대숲 피리 은은하다.

다솔문학 12번째 동인지 동행

가을이 오는 소리

귀뚜라미 소슬 대는 창문을 열면
어디서 왔는지 바람도 인사하며
뜨겁던 열기 안고 앞산을 넘는다

안개 낀 교회 지붕 십자가 보일 때
두 바퀴 달리는 우유 배달 아줌마
이마에 흐르는 땀, 가을이 익는다

대추도 털 달린 밤도
알알이 주렁주렁
가을 색 치장으로 몸서리 내리듯이

가을은 유채색 캔버스 물감 옷 입고 풍악 반주 울리며 허수아비 참새들 아리랑 합창에 따라

춤사위로
노 저으며 오고 있다

 안 화 균

아호 : 솔향
다솔문학, 한국디카시학회회원
2023년 신한은행 문안 공모전 대상 2023년 새마을 노랫말 공모전 장려상 2024년 제3회 한국디카시학회 전국디카시 공모전 우수상 수상 등 각종 현상 및 문학 공모전 다수 입상

갈대숲과 바람소리 외 2편

정 용 완

낙엽을 밟는 소리 태우는 향기 넘어
살며시 다가서서 바라본 눈빛 사이
가는 길 시원한 바람 갈대숲을 거니네

우거진 갈대숲에 으악새 슬피 울고
모래밭 사잇길로 발자국 남겨 가며
산천은 더불어 가는 자리에서 머물네

마음을 채워가듯 결실이 오는 계절
잎사귀 떨어진다 사연을 접어 두고
둥지를 찾아가듯이 삶을 찾아 떠나네

다솔문학 12번째 동인지 동행

들꽃의 향연

반갑게 맞아주는 들판의 들꽃 하나
소박한 그대 모습 가엾은 향기 찾아
하늘을 바라본 구름 떠나가는 모습을

그대의 사랑 찾아 반기는 터전에서
달콤한 사탕처럼 뜨거운 햇살 사이
고운 빛 세상의 빛이 밝혀주는 희망을

가을의 들꽃 향연 깊은 정 느낀 계절
세상을 감싸안는 그대가 웃는 모습
인생을 즐겨 살고파 가는 길에 사랑을

인생을 찾아서

화려한 모습보다 힘든 일 선택하니
선택은 후회한 적 마음은 풍성한데
인생을 즐겨본 적도 없는 것을 후회해

앞날을 보고 달려 이제는 삶을 찾아
꿈꾸는 인생길에 쉬어도 보고픈데
영원한 보금자리인 내 집이며 행복해

슬퍼도 해 봤지만 기쁨도 순간이며
해 뜰 날 기약하듯 하늘을 한번 보고
지난날 회상하면서 현실에서 편안해

정용완

호: 자울
다솔 문학 회원
제너럴 타임즈 편집국장/기자단장
남원 언론인 협회 회원
한국 저작권협회 회원
나눔을 사랑하는 모임 자문위원
남원풋살협회 홍보이사

다솔문학 12번째 동인지 동행

너의 안부가 그리운 날에 외 2편

길 성 환

저 먼바다 끝
달려오는 바람에
혹시나
하는 마음에
바람 끝에
너의 안부가 있을까

허공을
휘휘 저어 본다

잡히지 않는
손끝에
허전한 바람만
머물다 가버리고
이내
텅 빈 가슴에는
더한 그리움이
묻혀버렸다

야속한 바람은
무심히 사라지고
휑한 가슴만
남아 버렸구나

다솔문학 12번째 동인지 동행

마음을 위로하며

부서져 내리는
달빛에
잠을 못 이루는 풀벌레의 수다가
고요한 밤하늘 아래
달빛처럼 흩어지고

긴 시름에
자리 못하는 마음이
뿌연 백열등 아래 뒤척이며
풀벌레의 수다를
귀에 담아본다

짧은 생을
미처 깨닫지 못하고
밤새 목 놓아
그리 떠드나 보다

앞을 모르는
우리네 인생 또한 그럴진대
별이 내리는
달빛 아래 조용히
내 마음을
다독다독 안아 준다

하얀 그리움

소복소복
그리움은 말없이 쌓이고
마음 건네고 싶어
내민 손에 눈물만 그렁그렁
살짝 열어놓은 대문 마당
말 없는 푸른 소나무에
하얀 그리움은
쉬지 않고 내려앉네

혹여 다녀갔을까
흘깃 바라본 길목에
선명한 빈 자국

눈보라의 빈 한숨에
소나무에 걸린
하얀 그리움은
뚝뚝 눈물 되어
발자국만 그려 놓고

누군가의 기척에
애달픈 울음이
마당 문을 연다

 길 성 환

아호 清雅
시와수상문학 신인상 수상
다솔문학 회원

늦여름에 외 2편

여 승 익

끝나지 않은 여름은 끊임없이 열기를 부여잡고
결코 놓칠 수 없다는 듯이 저만치 앞에서 걷는다
아침저녁으로 찾아오는 시원한 기운을 모른 채
한낮의 뜨거운 열정을 놓칠세라 옭아매어 둔다

쳇바퀴에서 빠져나오지 못하는 무수한 이들
이른 아침부터 별을 보는 저녁 되어 쓰러지듯 들어온다
누구나 끊임없는 삶의 굴레에서 벗어나는 꿈을
한시도 놓지 않고 살지만 여전히 틀에 매여있다

꿈을 꾸는 행복에서 모두들 살아가고 싶지만
이미 떠나버린 꿈을 아직도 놓지 못하고 있다
흔들리듯 잊어버린 꿈은 스스로가 좋아하는 것
취미라는 이름으로 영원히 삶의 가운데 서 있다

낙동강 하구 둑은 여전히 막혀서 들고 나지 못하고
삶은 아픔을 품고 사니 웃음을 잊은 지 오래되었다
하지만 꿈을 놓치지 않고 취미를 찾아왔듯이
삶은 여전히 아름다움을 품고서 함께 걸어가고 있다

바람이 분다

낯선 바람이 다가온다
또 다른 시간을 만드는
아찔한 바람이 불어온다

누구도 답을 줄 수 없다
기어코 걸어봐야 안다
가보지 않고 알 수 없다

<u>스스로가 걸어볼 때</u>
새로운 길은 서서히
익숙한 길을 열어준다

가보지 않은 길은 낯설다
낯설고 물도 선 곳에 산다
거기에 시작의 뜻을 본다

다솔문학 12번째 동인지 동행

이별 여행

바람이 이야기에 빠졌다
바람이 이야기를 전한다
바람이 이야기를 바꾼다
바람이 이야기를 나눈다

아직
피어날 시간이 열려있는
젊은이들이 만들어 갈
앞날의 시간을 물었다

그것은
스스로가
스스로에게
묻고 나누고 전하는 시간이다

티격태격 교실 안은
치열한 자갈치 경매장
오늘은 떠나는 분을
삶의 기억으로 남기는 날

낯선 여행을 마주한
서로들에게도 낯선 시간
아침에 마주한 무지개
이별을 예고한 신호등이었네

 **여승익**

아호 南江
시인, 수필가
국제PEN 한국본부 부산펜 이사, 에세이문예 이사, 울산불교문인협회 이사
이삭문학회 이사, 곰솔문학회 회원, 다솔문학회 회원

다솔문학 12번째 동인지 동행

출입문에 기대어 외 1편
- 툴툴거려도

박 선 정

기도를 한다
미운 마음 접고 자식 위해 기도를 한다

내 새끼라는 생각
참 든든하다는 생각
툴툴거리며 돌아가는 모습
괘씸해도
그저 아들놈에게 '고맙다' 속말을 해 보는
오늘
요양병원 출입문에 기대어 서서
내일을 기약해 본다

하루하루가 감사한 날들
혼자 걷는 것만으로도 다행이라
면회 오는 것도 쉽지 않을 텐데
먹고 싶다는 음식 들고 면회 오는
아들놈
애비가 밉상이고
귀찮을 것인데
그래도 얼굴 보여주는 아들
툴툴대도 밉지 않은 면회 오는 날

귀가할 기약 없는 요양병원 출입문에 서서
금쪽같은 하루하루에 감사기도를 한다

미운 마음 접고
자식 위해 기도를 한다.

다솔문학 12번째 동인지 동행

미운 정 고운 정
- 그놈들 참

갸날픈 볼때기에 넘치는 애교
고놈들
귀엽고 얄밉고
작은 날개 퍼덕이는 모습
거침없고 고급스럽다
눈치는 구단이고 총총거리는 두 다리
애교 넘치는 주둥이와 두 뺨
보조개에 찍힌 까만 점은
매력이 으뜸이고
새끼 품고 사는 모성애의 달인이고

조잘조잘 재잘재잘
나뭇잎 박자에 맞춰 흔들리고
지껄이며 주고받는 말들은
쉼 없는 열정이고
먹이 쟁탈에는 양보 없는 욕심쟁이
그러나
슬쩍 슬그머니 나누는
우정의 마술사 고놈들

새까만 눈동자에 뾰족한 부리로
먹이 찾으려고
사람 사는 곳 가까이까지
침입하여
늘 미운 정 고운 정 주는 작은 참새여
참 미워할 수도 없는
영특한 고놈들
귀엽고 얄미운 참새여

박선정

아호 해강(解䌊)
시집 『젊은 날의 초상』, 『잊어야 할 것이 있다면 내일』
한국문인협회 회원, 다솔문학 고문
송파문인협회 회원, 시와수상문학 회원

다솔문학 12번째 동인지 동행

나야 꽃이야 외 2편

한 현 수

내가 멋있어 꽃이 멋있어
울긋불긋 화려한 내 몸 색깔
멀리서 봐도 멋지지 않니
왜 하필 너야 진흙탕에서 꽃피운 너
너무 아름다워 내가 샘나고 질투나 야

머니

그대가 나에게 들어올 때는 최고의 큰 행복
삶의 큰 기쁨 천하를 얻은 듯 천군만마 얻어서
그대가 나에게 헤어질 때 허전하고 슬펐어
이제는 끝인가 괴롭다 다시 만날 수 있을까?
너를 얻기 위해 물불 안 가리고 개고생 피해 본 나

다솔문학 12번째 동인지 동행

탈피

컴컴한 곳 벗어나 밝은 세상 나온 번데기
고통과 아픔을 극복 천년의 도를 닦고
여의주 얻어 하늘로 승천하는 용
짧은 7일 한 맺힌 슬픈 서러운 삶
목이 찢어지게 울부짖는 불볕더위 한철

 한 현 수
사)종합문예유성 시부문(2021)
현대시선 시 부문(2022)
다솔문학회 회원

지구는 영적 성숙을 위한 학교다

김 규 봉

오늘은 최대 명절의 하나인 설이다. 피는 물보다 진하다는 말이 있듯이 전국에서 민족 대이동이 이루어지고 있다. 어렸을 땐 명절이 되면 그렇게 기다려지고 좋았는데 어른이 된 요즘은 어릴 때와 같진 않다. 그래도 부모 형제를 만나서 정성스럽게 만든 음식을 먹으며 담소 나누니 삭막한 요즘 세태에 아름다운 현상이 아닐 수 없다.

한데 난 어릴 때부터 도사가 되어 온갖 묘기를 부리는 꿈을 꾸곤 하였다. 나이 60 중반에 이른 요즘도 그런 허황된 꿈이 없어지지 않는 것은 웬일일까?

불교에선 흔히 인간이 반복해서 태어난다는 윤회설을 주장한다.

나도 그 윤회설을 믿고 있는 사람 중의 한 사람이다. 그럼 인간은 왜 환생하는 존재일까?

일단 영혼 불멸설과 윤회설이 존재함을 전제로 거듭 태어남의 의미를 같이 생각해 보는 것도 좋으리라.

나는 요즘 유튜브 시청을 많이 하고 있는데 종교, 영혼의 문제, 양자역학 등에 두루 관심이 많다. 주제별로 내용상 짧은 분량이지만 거기에 응축된 내용은 무시할 수 없는 내용이라 여겨져 나의 지적 호기심에 많은 도움을 주고 있고 그런 단편적 내용들이 퍼즐 꿰맞추어지듯 일관성 있는 흐름을 보여주고 있다.

내가 섭렵한 그 내용들과 미천하지만 나의 기존 상식으로 인간이 왜 이 지구상에 거듭 태어나야만 하는 존재인가 생각해 보기로 하자.

통상 우주의 나이는 138억년 지구의 나이는 보통 45억년이라 한다. 그 과정에 모든 존재는 진화를 거듭해 왔고 현재도 진행형이다. 지구는 인간이 살 수 있는 우주 공간의 수많은 별들 중의 하나다. 영 능력자들에 의하면 이 우주는 9차원의 영적 단계로 이루어져 있다고 한다.

그중에서 지구는 가장 낮은 단계인 1단계 즉 유치원 단계라 한다. 우리 인간이 배워야 할 가장 기초 단계가 유치원이니 이 지구는 차원이 가장 낮은 단계의 인간이 태어나 수련을 해야 하는 학교인 셈이다.

우리가 태어남은 전생에서 부족한 부분을 채워주고 남과의 관계에서 잘못된 부분이 있다면 매듭을 지을 수 있는 좋은 계기가 되는 것이다.

낮은 단계에서 영적 성숙이 이루어지면 높은 단계의 차원으로 옮겨가는 것이라 한다.

역사에서 큰 기여를 한 종교가, 과학자 등은 영적 수준이 높다고 해야 할 것이다.(예수, 석가 등)

나는 기존에 발표한 글에서 우주의 법칙성을 세 가지로 보았다.

   그   첫째: 조건 없는 위대한 사랑
      둘째: 진화를 목적으로 한다.
      셋째: 인과법칙이 적용된다.

이 우주 법칙성에 의해 거듭된 생이 주어진다고 생각하는데 예컨대))

"전생에 남의 눈을 상하게 하여 이생에 봉사가 되어 그 대가를 치르는 중이다."를 들 수 있을 것이다. (미국의 최면술사 에드거 케이시의 사례를 보면 5,000가지 이상의 사례를 책으로 발표함)

그 밖에도 꼭 똑같은 형태의 인과응보가 아니라도 그만큼의 대가를 치러야 한다는 것이다.

이 우주의 법칙은 콩 심은 데 콩 나고 팥 심은 데 팥 난다. 라는 말과 같이 한 치의 오차가 없는 것이다.

비록 남을 속일 수는 있을지 몰라도 자기 양심은 속일 수 없는 것이다.

이런 우주 법칙성을 이해한다면 인생을 함부로 살지는 못할 것이다.

따라서 현재의 삶에 긍정적인 태도를 보여야 하고 선한 삶을 살아야 할 것이다.

우리는 태어나 산다는 것이 즐거움 보다 힘든 여정인 경우가 많다.

그것을 참으로 다행스럽게 여겨야 할 것이다.

왜냐하면 빚진 것을 갚을 수 있는 좋은 계기기 되고 나의 영적 성숙이 될 수 있는 좋은 계기가 될 것이기 때문이다.

우린 완전치 못한 존재다.

완전치 못한 존재이기에 계속 태어나는 것이다. 모난 돌이 조약돌이 되듯이 말이다.

우린 좀 더 나은 영적 성숙을 위한 삶을 위해선 나보다는 남을 위한 삶을 살아야 한다.

남을 위한 삶은 결국 자신에게 좋은 결과로 돌아온다. 그것이 또한 우주 법칙이다.

인생은 고해苦海라 했던가? 우린 망망대해 거친 파고를 헤치며 각자 먼 길을 항해하고 있다.

그 길은 멀고도 험하지만 목적지는 결국 같기에 이 지구 학교에 초대된 것을 다행스럽게 생각하고 자기에게 주어진 숙제의 양과 질을 잘 살펴 그 숙제를 다 한다면 이 지구상에 온 목적을 다 함이요. 좀 더 차원 높은 생이 우리에게 주어질 것이다.

"인생은 영적 성숙을 위해 이 지구상에 초대된 영원한 순례자. 우리 현생의 옷 갈아입기 전에 진정 나에게 부여된 숙제의 양과 질을 잘 살펴 영적 성숙을 위한 삶을 살아봄이 어떨까?"

* 에드거 케이시: 미국의 영 능력자.
  초등학교만 졸업 했지만 최면 상태에서 환자의 병명을 의학 전문 용어를 사용하고 치료법을 제시 하였다고 함.
  무려 만 건이 넘는 사례를 무보수로 치료했는데 환자의 병 원인이 전생과 관련된 사례가 많았다고 함.

김 규 봉

아호 無着
공주사범대학 일반사회과 졸업
중등교사 사회교사 30년 재직
다솔문학회 회원

다솔문학회 임원 명단

고　　문 : 박순옥 조충호 박선정

회　　장 : 김현희

부 회 장 : 서정원

사무국장 : 조동현

총무국장 : 이종철

기획국장 : 김신영

정보국장 : 김덕영

홍보국장 : 유영아

운영위원 : 김영진 배동현

다솔문학 동인지 초록물결 12집

동 행

초판 인쇄일 2024년 10월 8일
초판 발행일 2024년 10월 15일

    지은이 다솔문학회
  편집위원 김현희 조동현 이종철

    펴낸이 양상구
  웹디자인 김초롱
    펴낸곳 도서출판 채운재
      주소 우) 01314 서울시 도봉구 시루봉로 15라길 38-39 301호
      전화 02-704-3301
      팩스 02-2268-3910
    H · P 010-5466-3911
   E-mail ysg8527@naver.com

  정가 15,000원
  ISBN 979-11-92109-78-7(03810)

  @다솔문학회 2024
 * 이 책은 저작권법에 따라 보호받는 저작물이므로 무단전재와 무단복제를 금지하며 이 책의 내용 전부 또는 일부를 이용하려면 반드시 저작권자와 도서출판 채운재의 동의를 받아야 합니다
 * 파손 및 잘못된 책은 구입처에서 교환해 드립니다